# 码书制造

## ——教师专业发展新路径

武丽志 李玉平 雷斌 著

清华大学出版社
北京

## 内 容 简 介

本书主要内容包括码书是什么、如何制作（码书选题、内容组织、微课设计与制作、码书制作技术标准等）、如何应用，以及制作码书对教师专业发展的重要价值。这是一本教给教师如何制作码书的书，具有较强的可读性和实践指导性，通俗易懂、语言活泼，在传授码书制作方法的同时，自然融入码书作者专业发展的故事，进一步增强可读性。该书包含丰富的案例，以视频的方式供读者浏览。

本书适合中小学（含幼儿园）教师，特别是名师或名师培养对象学习阅读。

**图书在版编目（CIP）数据**

码书制造：教师专业发展新路径 / 武丽志，李玉平，雷斌著 . -- 北京：清华大学出版社，2024.8. -- ISBN 978-7-302-67148-0

Ⅰ . G436

中国国家版本馆 CIP 数据核字第 2024P6109N 号

责任编辑：田在儒
封面设计：刘　键
责任校对：袁　芳
责任印制：杨　艳

出版发行：清华大学出版社
　　　　　网　　　址：https://www.tup.com.cn，https://www.wqxuetang.com
　　　　　地　　　址：北京清华大学学研大厦 A 座　　　　邮　　编：100084
　　　　　社 总 机：010-83470000　　　　邮　　购：010-62786544
　　　　　投稿与读者服务：010-62776969，c-service@tup.tsinghua.edu.cn
　　　　　质量反馈：010-62772015，zhiliang@tup.tsinghua.edu.cn
印 装 者：北京联兴盛业印刷股份有限公司
经　　销：全国新华书店
开　　本：185mm×260mm　　　印　张：8.75　　　字　数：195 千字
版　　次：2024 年 8 月第 1 版　　　印　次：2024 年 8 月第 1 次印刷
定　　价：49.00 元

产品编号：097539-01

# 前　言

最初结识码书，是从认识李玉平、雷斌两位教师开始的。两位教师，一北一南，都是基础教育信息化领域的创新者、实践者、领跑者，常年奋战在基础教育信息化的实践、研究、培训第一线，拥有大量实践经验，持续引领新技术在基础教育领域的深度应用，在国内拥有很多拥趸，也打造了不少示范学校。近几年两位教师同作者致力于推动"码书制造"在全国各领域（特别是基础教育、职业教育）的推广应用。

"码书制造"是一件有趣的事，所以教师们才愿意参与，并甘于投入大量的时间和精力，去创造和打磨属于自己的作品。"码书制造"又是一件很专业的事，需要教师们在自己的教学领域、工作岗位、业务范畴内进行深耕细作、精益求精，从而实现从优秀到卓越的专业发展。"码书制造"还是一件关乎教师专业发展的大事，开发过程是在萃取教师们的隐性经验，推动实现教师隐性经验的显性化、社会化，从而实现教师个体和群体的专业发展。码书开发对名师成长非常有利，许多的码书作者们在自己的岗位、领域、地区都获得了长足的进步，收获了事业上的发展和学科领域的影响力。

这么有趣又有意义的事情，应该让更多的教师知道并参与进来。于是，使用码书的表达方式，制作一本指导教师们如何开发码书的书籍，从而让更多的人走近码书、了解码书、喜欢码书，并乐于参与到码书的建设中，这就是本书撰写的初衷和使命。当今时代信息爆炸、人人参与知识创造，码书作为新形态图书的代表，在新技术的加持下，具有无限的可能性和更广阔的发展空间。

本书在编写的过程中，除了安排正文及按需嵌入的二维码，以及二维码链接的视频、文本等资源外，还穿插了若干小栏目，目的是增强图书的可读性和趣味性，让读者有更好的阅读体验和更多收获，其中包括以下两个栏目。

小科普：主要是对正文中出现或相关的新技术、新概念、新理念进行简要介绍，目的是激发读者的创新思维，为学习和实践某个新领域打开一扇窗。

提个醒：主要是从实践角度，对码书开发过程中可能遇到的问题进行说明，避免读者在学习和实践中因不得要领而浪费时间和精力。

本书是集体智慧的结晶，也是三位作者带领的实践与研究团队多年经验的积累。全书从构想到出版历时 5 年，王有珍、梁茵然参与了第一、二章的初稿撰写，徐玉婷参与了第一、四、五、七、九章的初稿撰写，陈怡伶参与了第二、三、六、八章的初稿撰写。武丽志、

　　李玉平、雷斌负责对全书进行统稿，书中视频资源均来自码书作者的辛勤劳动成果，并经过了仔细遴选。此外，林佳成、洪幼芷、杨锐雪参与了书稿的后期修改、完善。码书码课能够取得现在的成果，并得到各方面的欢迎和赞誉，得益于清华大学出版社特别是田在儒编辑多年持续的辛勤付出和大力支持，在此郑重表达敬意和衷心感谢。

　　由于作者水平与经验限制，书中难免有不足之处，敬请广大读者与同行批评、指正。

　　祝愿各位热爱和参与到码书制造、码书应用和推广的教师们健康快乐！事事顺意！

武丽志<br>2024 年 3 月

勘误与更新

# 目　　录

■ **第一章　认识码书** 　　　　　　　　　　　　　1

　　第一节　视频时代到来了 ..................................... 1

　　第二节　码书究竟是什么 ..................................... 4

　　第三节　二维码的小故事 ..................................... 8

　　第四节　扫码看课的精彩 ..................................... 11

　　第五节　动员教师来参与 ..................................... 14


■ **第二章　制造标准** 　　　　　　　　　　　　　16

　　第一节　视频制作标准 ..................................... 16

　　第二节　图文设计标准 ..................................... 20

　　第三节　二维码的呈现 ..................................... 22

　　第四节　一本好的码书 ..................................... 24


■ **第三章　码书选题** 　　　　　　　　　　　　　28

　　第一节　寻找痛点与惊喜 ..................................... 28

　　第二节　发现自己的特长 ..................................... 29

　　第三节　把握时代的方向 ..................................... 31

　　第四节　六个选题小建议 ..................................... 34

　　第五节　认真填写选题表 ..................................... 36


■ **第四章　内容为王** 　　　　　　　　　　　　　40

　　第一节　想法内容体系化 ..................................... 40

第二节　他人经验深加工 ............................................ 42

第三节　设计其实并不难 ............................................ 45

第四节　适合自己的表达 ............................................ 47

第五节　去除空话炼干货 ............................................ 51

## ■ 第五章　升级微课　　　　　　　　　　　53

第一节　多年微课再认识 ............................................ 53

第二节　微课价值再发现 ............................................ 56

第三节　手机快速做课程 ............................................ 57

第四节　微课的常见类型 ............................................ 60

第五节　碎片化与体系化 ............................................ 61

## ■ 第六章　录制工具　　　　　　　　　　　64

第一节　剪映：手机微课的利器 .................................... 64

第二节　PowerPoint：最常使用的工具 ......................... 71

第三节　喀秋莎：录屏剪辑一体化 ................................ 75

第四节　皮影客：动画微课吸引人 ................................ 80

第五节　Focusky：玩出不同的效果 ............................... 84

## ■ 第七章　微课设计　　　　　　　　　　　88

第一节　常用微课结构 ............................................... 88

第二节　大纲设计方法 ............................................... 91

第三节　六个关键技术 ............................................... 94

第四节　构图四大原则 ............................................... 97

第五节　精美 PPT 设计 ............................................. 100

## ■ 第八章　录课秘籍　　　　　　　　　　　103

第一节　画面稳定 ................................................... 103

第二节　声音清晰 ................................................... 106

第三节 录制技巧 ·································· 108

第四节 创意片头 ·································· 111

第五节 完美主义 ·································· 113

## ■ 第九章 码书助力教师专业发展 115

第一节 名师成长阶段 ······························ 115

第二节 挖掘隐性经验 ······························ 117

第三节 萃取最佳实践 ······························ 121

第四节 成就专业发展 ······························ 123

第五节 展现教师成果 ······························ 126

## 参考文献 129

# 第 一 章
# 认 识 码 书

## 第一节　视频时代到来了

伴随互联网（特别是移动互联网）的迅猛发展，视频在工作、学习、生活中已无处不在，并扮演着越来越重要的角色。特别是短小精悍的"短视频"，它借助微信、抖音、快手等 App（见图 1-1）和无数"网络红人"，仿佛一夜之间飞入了寻常百姓家。盯着手机看世界，已然成为常态。这预示着视频时代，真的到来了。

图 1-1　短视频 App

### 一、生活中的视频

看短视频作为一种生活方式，正在悄无声息地占据着现代人的生活。在这个人人皆可拍摄、发布视频等信息的自媒体时代，视频为大家提供了更为直观的内容呈现，大幅提高了信息传播的效率和效果。以下场景一定不陌生。

（1）学校教室，一段视频将孩子们带到千里之外的"荒漠草原"，感受王维在一千多年前出使塞上，慰问将士途中的"大漠孤烟直，长河落日圆"。

（2）家中厨房，妈妈正在跟着一段视频学习如何烹饪美味的"宫保鸡丁"，为一家人的晚餐忙碌。

（3）街头路口，巨大的 LED 广告屏上，正在播放一个知名奶茶品牌的广告片。鲜榨的果汁，诱人的水果和丰富的配料，一切呼之欲出，让过往的行人不禁增加了一份甜蜜的期待。

（4）舞台中央，几块绚丽的曲面屏正通过高清影像，实现场景快速切换，从"繁星点点的夜空"到"阳光灿烂的午后",从"白雪皑皑的南极"到"烈日炎炎的热带风情",观众的思绪随着舞台上视频的切换而切换。

（5）无数个手机客户端，播放着孟晚舟女士回国的视频，证明了祖国永远是人民坚强的后盾，传递了浓浓的爱国情怀。看完视频的国人不禁感叹："此生无悔入华夏！"

毋庸置疑，视频为这个时代增添了许多色彩。人民日报中国品牌发展研究院发布的《中国视频社会化趋势报告（2020）》指出，目前我国正在加速进入一个全新的"视频社会化时代"[①]。2020 年被定义为"中国视频社会化元年"。

### 视频是什么？

视频泛指将一系列静态影像以电信号的方式加以捕捉、记录、处理、储存、传送与重现的技术。图像是视频的最小和最基本单元，连续的图像变化每秒超过 24 帧（frame）时，根据视觉暂留原理，人眼就无法辨别单幅静态画面，看上去就是平滑连续的视觉效果，这样连续的画面就叫作视频。

## ■ 二、视频的魅力

和文字一样，视频也是传递思想和情感的一种媒介，而且是大众媒介。如今，与阅读文字相比，更多人选择看视频，可见视频有其无可替代的价值和魅力。那么它的魅力究竟在哪儿呢？

### （一）直观性

荀子说"不闻不若闻之，闻之不若见之"。视频正是一种信息的直观表达工具，它利用人的视觉系统直接获取信息。在快节奏的生活下，能够利用碎片化时间的特点使得短视频备受青睐。短视频的时长一般控制在 15 秒至 5 分钟，内容直击重点，能够给观看者更强的冲击力。

### 视 觉 暂 留

人眼所看到的实体消失后，人眼仍能继续保留其影像 0.1~0.4 秒，这种现象被称为视觉暂留现象。视频就是利用人眼的视觉暂留原理，通过播放一系列的图片，使人眼产生运动的"感觉"。

---

[①] 孙冰. 人民日报中国品牌发展研究院发布报告："视频社会化时代"来了！[EB/OL].[2023-09-04].https://www.sohu.com/a/436386360_467340.

### （二）创意性

经过后期编辑和视频加工，视频能够"化腐朽为神奇"，呈现出超乎寻常的表现张力。好的视频在依赖原始素材的同时，也离不开好的剪辑创意。众多富有个性和影响深远的视频，都得益于好的创意。

### （三）高效性

一段视频可以带观众纵横五千年，感受历史的发展和文化积淀；一段视频也可以带观众跨越不同的国家、地域，领略不同的人文情怀；一段视频既可以用几十秒的时间完整呈现植物的漫长生长周期，也可以将一个快动作放慢、定格，呈现出所有细节。这就是视频的高效性，对于学习十分重要。

### （四）广泛性

人类对外界环境信息的获取主要通过感觉系统，包括视觉系统、听觉系统、嗅觉系统、味觉系统和触觉系统等。而接收外界信息的主要渠道是五官，其中通过视觉渠道接受的信息约占 70%。这正是视频给人冲击力的原因。

### （五）传播性

如今视频社会化，短视频不仅制作流程简单、传播门槛低，传播渠道也十分多样化，很容易实现裂变式传播与熟人间传播，可以轻松方便地在平台上分享自己制作的视频，以及观看、评论、点赞他人发布的视频。丰富的信息传播渠道，拓展了与他人交互的方式。

### （六）移动性

随着 5G 时代的到来，移动互联网越来越普及，那个需要带着厚重的计算机看视频的时代已然过去。现在，只要掏出手机，连上移动网络，就能随时随地观看录像、视频、直播，大幅加速了短视频的发展。

## ■ 三、教育中的视频

在教育领域，视频也正以其独到优势，改变着教师的"教"和学生的"学"。从制作微课到开发系列微课程（或叫专题微课程），再到将课程视频与文字进行体系化封装做成码书，视频都是教学资源中的关键角色。

近些年来，教师也在不断地利用各种新的技术，制作属于自己的教学视频，打造自己的专属课程，并将之用于课堂教学创新。深圳曾鸣老师就在课堂上引导学生利用码书中的视频学习硬笔书法，场景如图 1-2 所示。

图 1-2 小学生正在利用码书视频学习书法

码书是什么呢？下一节会进行深入探讨。

# 第二节　码书究竟是什么

"码书"是一个新名词，简单地说，码书就是富含"二维码"的纸质图书。码书中除了常规文字、图表外，还有大量二维码。通过一个个二维码，可以将传统图书与视频、音频、网站、网络讨论组等链接起来，从而丰富了传统图书的内容，增强了图书的可读性和拓展性。另外，从普及面与传播度上来说，视频与学习者的距离更近。因此本书提到的资源开发与链接，主要围绕微课、微视频展开。

## ■ 一、码书的样子

本书谈论的码书是鼓励各级各类学校（中小学、幼儿园、技工学院、职业院校、普通高校等）一线教师开发的包含了"二维码"的纸质图书，如图 1-3 所示就是近年来"名师讲堂码书码课系列"丛书制作团队在清华大学出版社支持下开发的系列码书。

码书是什么？

图 1-3　正式出版的码书

打开一本码书，会看到文字、图画和二维码。用手机扫描二维码，则可以直接浏览相应的视频（或其他）资源，如图 1-4 和图 1-5 所示。

从读者角度，阅读码书可以获取的资源更加丰富、更加多元、更加立体；从作者的角度，撰写码书不但要"写"，而且要"录"、要"拍"、要"开发"。码书作者在文字创作的同时，必须录制或拍摄生动的视频或音频，甚至设计开发读者需要参与的线上活动（如讨论组、投票、测试、虚拟实验等）。

根据是否正式出版，码书可以分为通过出版社使用国际书号正式出版的码书和仅个人打印分享而不使用国际书号出版的码书两大类。正式出版的码书（如"名师讲堂码书码课系列"丛书）通过出版社的图书发行渠道（如新华书店、京东、当当等）进行推广，在图

图 1-4　码书内页样例

图 1-5　扫描码书中的二维码看到的视频界面

书的传阅中，二维码所链接的微课也可获得更为丰富的线下、线上的传播。不出版的码书则因为不受篇幅等限制，可以更加灵活多样，如图 1-6 所示。

图 1-6  未出版的码书样例

## ■ 二、码书的魅力

相比传统图书，码书有许多鲜明的特征，是一种新形态图书。码书的独特魅力主要体现在以下几方面。

（1）内容丰富。通过二维码链接微课或短视频，码书实现了对传统图书内容的无限扩充，并可以不断进行资源增添和及时更新。这使传统图书出版获得了新的生命，书籍不再是静态、固化的图文，一下子鲜活、生动起来。

码书视频
样例

（2）资源立体。码书通过二维码与微课或短视频相连，内容不但丰富而且立体，增强了图书的整体表现力。码书中每一个微课都经过了精心的设计、开发，因此短小精悍，对理解文字内容具有较大的辅助价值。甚至，学习者可以利用码书，哪里不会扫描哪里，哪里有兴趣扫描哪里。

（3）文字极简。码书因为有"码"和"微课"，因此文字篇幅可以压缩，文字表达可以简化，深入浅出，仅留下实用内容，从而提高了图书编辑的工作效率，也提高了阅读者的学习效率和效果。

（4）移动学习。读者在使用码书时，可以通过扫码进行音视频学习。音视频因为具有跨平台、跨终端的特点，使得"时时能学""处处可学"的移动学习成为可能。

（5）携带方便。以清华大学出版社的"名师讲堂码书码课系列"丛书为例，码书大多是尺寸偏小的口袋书（尺寸为 11cm×18.5cm 或 14.5cm×21cm），比普通手机略大，便于携带，使用方便，实现了对零散微课的体系化实体封装，更易于线下传播。

（6）版权价值。作为可视化的教学或研究成果，正式出版后，码书本身就具有了版权价值。对于中小学教师来说，开发码书即是将自己的经验凝练、结构化、体系化的过程。经过公开出版，作者的智慧和知识版权得到了最大程度的保护。

## ■ 三、典型的例子

码书凭借多种丰富的资源增强图书的表现力，其中应用最广的是微课。以深圳曾鸣老师撰写的《轻松学写硬笔字》为例，书中不但有写字的要领、技巧、字帖，而且通过扫码还可以看到作者边写边讲的一个个视频微课。视频微课从写字的坐姿、握笔开始，到基本笔画、偏旁部首、不同结构汉字的书写，总计 158 个。读者通过这一码书可以直观地看到一个个优美的汉字到底是如何写出来的，如图 1-7 所示，而这对于传统图书是无法想象，也无法实现的。码书作为微课的载体，为微课传播提供了新的渠道。

图 1-7 《轻松学写硬笔字》中的视频微课举例

码书离不开二维码。二维码作为连接线上与线下的中介，正在改变着传统的出版物，也正在改变着传统的课堂教学。有关二维码的内容，将在下一节中进行介绍。

# 第三节　二维码的小故事

简单地说，"码书码课"就是书中有"码"，扫"码"看课。通过上文了解到"码"就是生活中随处可见的"二维码"。

## ■ 一、二维码是什么

生活中，二维码随处可见，每一个使用智能手机的人应该都扫过二维码，例如微信加好友，使用共享单车，买东西进行移动支付，查看电梯间、海报上的商品广告等。那么二维码到底是什么呢？

二维码
是什么？

### （一）二维码与一维码

二维码即二维条码，是用某种特定的几何图形按一定规律在平面（二维方向上）分布的黑白相间的图形，用以记录数据符号信息。常见的二维码为 QR Code（全称是 quick response code，即快速响应矩阵码），如图 1-8 所示，就是一个二维码的例子。

图 1-8　二维码示例

有二维码，那么是否有一维码呢？答案是肯定的。

**一　维　码**

在各种商品标签上都可以看到的条形码就是一维码，如图 1-9 所示的是 3 种不同的条形码。一维码（条形码）是由一组按规则排列的条、空以及对应的字符组成的标记。一维码有不同的码制，也就是规则，如 EAN 码、39 码、交叉 25 码、UPC 码、128 码、93 码、ISBN 码等。不同的码制有它们各自的应用领域，例如在图书上经常看到的"ISBN 码"就是专门用于图书管理的条码。

一维码只能在一个方向（通常是水平方向）上表达信息，而二维码在水平和垂直方向都可以存储和表达信息，因此二维码的信息容量更大，应用领域也更加广泛。

图 1-9 一维码示例

### （二）二维码的历史

二维码在人们生活中的普及应用是智能手机诞生之后的事情。但要追究其历史则需要追溯到 20 世纪。在 20 世纪 60 年代末，诺曼·约瑟夫·伍德兰德（Norman Joseph Woodland）发明了一维码，该技术的诞生几乎改变了全球的商业活动形式。如今在超市、商店里收银员通过扫码获取产品的编号、名称、价格等信息，极大地提高了收银工作的效率和准确性，也节约了顾客的时间，更有助于实现真正的"价格透明""童叟无欺"。

因为一维码只有一个维度的信息，而扫码的工具（见图 1-10）不可能无限宽，所以一维码的容量非常有限，严重制约了其应用的范围。要弥补这个缺陷，就需要增加维度，也就是升级到"二维"。1994 年，日本电装公司正式宣布公开首个 QR Code，即"快速响应矩阵码"。二维码也有不同的码制（规则），QR 码只是其中应用最为广泛的一种。

图 1-10 扫码枪

**一维码如何识别商品**

识别一维码时，首先需要用条码扫描器对一维码进行扫描，得到一组反射光信号，此信号经光电转换后变为一组与线条、空白相对应的电子信号，经解码后还原为相应的二进制数字，每个二进制都存储一个商品的信息。例如，扫描黑色的条纹能够得出数字"1"的信息，而扫描空白处会得出数字"0"的信息。

## ■ 二、二维码的功能

二维码能存储汉字、数字和图片等信息，具有信息容量大、编码范围广、容错能力强、扫描响应速度快、制作简单、成本低、持久耐用等特点。下面将择要介绍 3 点。

### （一）信息容量大

二维码除了码制不同外，信息容量也可以不同，容量主要取决于数据模块的数量，即黑色或白色小方块的个数，如 40×40、60×60、177×177 等。假设一个维度的条形码有 10 个存储模块，升级为二维码后，则有 10×10 共计 100 个模块来存储信息，较之条形码容量大了很多。

### （二）容错能力强

二维码因为包含的信息模块多，所以有一些模块可以作为容错、纠错使用，如图 1-11 所示的浅灰色模块。即便二维码存在局部的破损、污损，依然可以进行扫码读取。有的二维码，在损毁面积达到 50% 以上时仍可正常使用，这就为户外二维码应用（如印刷在汽车、广告牌上的二维码）提供了可靠的保证。

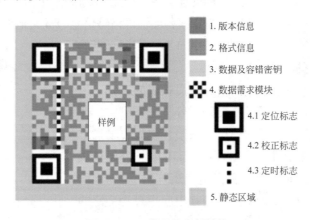

1. 版本信息
2. 格式信息
3. 数据及容错密钥
4. 数据需求模块
4.1 定位标志
4.2 校正标志
4.3 定时标志
5. 静态区域

图 1-11 二维码的内部结构

如图 1-11 所示，二维码有专门负责"定位"的模块（4.1 定位标志），因此在扫码时无须正对着图案进行操作，正着、反着、斜着均可以达到扫码效果。这也是二维码的一个便利之处。

### （三）制作成本低

二维码不但使用方便，而且容易制作。互联网上有许多免费的二维码生成工具，通常既支持普通二维码（静态码）的生成，也支持活码的生成。活码指对一个分配的短网址进行编码生成二维码。生成后可以随时修改需要链接的内容，而不用改变二维码的图案。码书中使用的就是活码，这使码书内容由静态变成了动态，由有限变成了无限，彻底颠覆了传统图书的固化、封闭特性。

## 三、二维码的用途

除了图书之外，还可以为卡片加上二维码，为海报加上二维码，为试卷加上二维码，为宣传册加上二维码，为学校走廊的宣传画加上二维码……"码书"也由此延伸出"码卡片""码海报""码手册""码试卷""码卷轴""码场景"等若干种基于二维码的成果呈现方式，如图 1-12 所示。

图 1-12　二维码的各种应用场景

<h2 style="text-align:center">第四节　扫码看课的精彩</h2>

无论是在课堂上，还是在课堂外；无论是在学校，还是家里，让孩子们扫描"二维码"，就可以打开一个个精彩的视频，让立体化的学习资源跃然屏幕上。

其实，扫码这个动作的本身就是一个探索未知的行为，扫码正在丰富着孩子们的学习和认知世界。

## 一、高老师的评书语文

在长春，有一位语文教师叫高淑杰，她从小学生必背古诗词中精选了 100 首，开发了

100 集的微课程,然后以时间为长轴,纵向上从古到今进行排序呈现;横向上,用长城、长江、黄河划分区域,进行诗词归类。在这个壮观的长卷上,孩子们通过"扫码"不仅能够学习古诗词,还能够体验历史的漫漫征程与朝代更迭,如图 1-13 所示。

评书语文
微课样例

图 1-13　展示评书语文作品

为什么是评书语文呢?因为这位教师喜欢讲评书,其中的每一个微视频,打开都是她在用讲评书的方式讲述古诗词。古诗,朗朗上口,意境深远;评书,故事好听,跌宕起伏;微课程,简短便捷,可听可看,三者结合奇妙无限,别有一番风味。

高淑杰老师的"评书古诗"情节紧张、行云流水、表达风趣,令人如醉如痴。这种与众不同的评书语文,使其微课更显得别具一格。

## ■ 二、龚老师的手工课

在武汉,有一位小学美术老师叫龚洁,致力于"首饰设计系列微课程——变废为宝,将平凡变得有创意"的实践与研究。在她的手上,一些不起眼的小物件,如纸杯、纸盘、纸屑,经过剪刀的裁剪和画笔的涂染,很快就可以变废为宝,成为精美的首饰。

创意手工
微课样例

龚老师开发了一本码书,即《美术创意手工 50 个——"纸"爱首饰》,如图 1-14 所示。书中的创意手工材料主要是"纸",全书囊括了平面设计、立体设计两大类共 50 个创意手工活动。它既可以让学生在实践中掌握方法和技能,提升学生的动手能力与创新能力,又可以让学生在变废为宝的实践中培养发现美、利用美、感知美的能力,从而培养学生的创新思维。

无论是孩子，还是家长，如果对某一个"首饰"感兴趣，只要扫一扫书中的二维码，就可以按照步骤轻松学习了。

图 1-14 《美术创意手工 50 个——"纸"爱首饰》封面

## ■ 三、陈老师的物理课

物理实验
微课样例

在深圳，有这样一位中学物理老师，他荣获学校的多个奖项，在学校的老师和学生中颇受欢迎。他幽默风趣，语速虽快但逻辑严密，因名字中有三个火，被学生们亲切地称为"火火"老师。

他叫陈耿炎，对待课堂和教研都热情似火，他也想用自己的"火"点燃学生对物理学习的热情。陈老师花了一年多的时间开发了《物理趣味创意实验 100 个——让孩子们一起玩中学》（分上、下两册），书中分五大类共 100 个实验。这本"码书"除了文字和图片，每一个实验都配有一个二维码，读者扫码即可观看对应的实验小视频及其背后的物理原理解释。

有趣的实验让物理学习不再枯燥。例如"隔空点蜡烛""水中画""悬空的水"等实验犹如变魔术，这样的物理课怎么会有人不喜欢呢？在平均 2 分钟的微视频中，陈老师演示完神奇的实验后，都会"揭开谜底"，用图文并茂、直观的方式解释物理原理，如图 1-15 所示。

在这本书中，生活中常见的矿泉水瓶、纸杯、泡沫板等材料，都可以拿来做实验，可操作性很强，实验入门难度较低，且极具启发性。

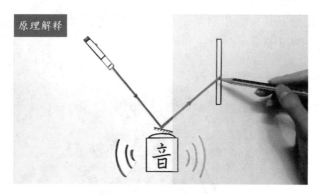

图 1-15 《物理趣味创意实验 100 个——让孩子们一起玩中学》中的微视频截图

# 第五节  动员教师来参与

码书至今还是一个新生事物，相关的实践探索仍处于少数教师、少数学校参与的初级阶段，理论研究更是几乎空白。但是"码书码课"概念一经提出，立即得到了众多高校、中小学师生积极热烈的响应，这足见其生命力之旺盛。信息技术的飞速发展还在继续，码书码课也在不断完善，不断革新。

## ■ 一、制作码书码课的条件

前面提到的码书是不是很棒？其实，这些码书的作者都是中小学一线教师。他们普普通通，耕耘在基础教育的第一线。他们也非常不普通，因为他们都有一颗热爱教育、追求创新、扎根学科、不断探索的心。他们是信息时代的一线教育领跑者，敢于尝试，不断努力，不断创新，不断超越。

每位教师都有自己对教育、对课程、对课堂、对孩子的独到见解，都有自己的闪光点和"拿手好戏"。因此，每位教师都可以成为码书的制造者，创造出自己的专属课程，出版自己的码书。教师们需要做的就是反躬自省，重新认识自我，发现自己的"闪光点"，擦亮自己的"优势与特长"。

不要仰望他人，自己也是风景。老师们应行动起来，做出属于自己的"码书码课"。

## ■ 二、制作码书码课的收获

如今是一个知识爆炸的时代，也是一个智慧众筹的时代。每个人都可以加入人类知识宝库的生产中，做出自己独特的贡献。阅读本书的教师也可以加入码书的开发中，成为码书制造团队的一员。

开发码书是一个将教师隐性经验显性化、社会化的过程，也是一个借助信息技术加速教师个体和群体专业发展的过程。制作码书码课将有以下收获。

（1）提高自己的文字表达能力。

（2）提升自己的视频制作水平。

（3）提高信息技术的综合素养。

（4）提高整体驾驭内容的能力。

（5）增强知识产权的保护意识。

（6）增进团队感情及协作能力。

（7）打造属于自己的精彩课程。

（8）提升教学效果并吸引学生。

（9）提升个人品牌和学校品牌。

面对以上种种，各位教师是否心动？不要犹豫，欢迎加入制作码书码课的队伍。

# 第 二 章

# 制 造 标 准

## 第一节　视频制作标准

视频制作并不复杂，特别是如今的短视频时代，只要有部智能手机，就能成为生活的"导演"，记录生命中的精彩。码书离不开视频，也因视频而大放异彩，那么制作视频是否有标准可依呢？

### ■ 一、视频前期录制标准

视频录制有两种途径：一种是"拍摄"，就是用手机、摄像机或具有拍摄功能的照相机来拍摄一段视频；另一种是通过个人计算机或手机录制屏幕上的动态画面，这被称为"录屏"。一段高质量的视频，源自一开始的拍摄或录制就建立在高标准之上。如果原始素材不清晰或抖动严重，则无论进行怎样的后期加工，也无法制作出清晰的作品。

（一）视频信号

（1）稳定。视频图像无抖动跳跃，色彩无突变。这是最基本的要求。

（2）色调。白平衡正确，无明显偏差，色彩对比度一致。如使用多机位拍摄，则镜头衔接无明显色差。

（3）信噪比。图像信噪比不低于 55dB，无明显杂波。

（二）音频信号

（1）声道配置。普通话内容音频信号记录于第 1 声道，音乐、音效、同期声记录于第 2 声道，其他文字解说记录在第 3 声道（若无第 3 声道，则记录在第 2 声道）。

（2）信噪比。音频信噪比不低于 48dB。

（3）电平指标。−2~8dB，声音无明显失真，放音不能过冲或过弱。

（4）声画同步。视频的声音和画面要求同步，说话者吐字清晰，无音量忽大忽小现象。

（5）避免杂音。音频是视频的重要组成部分，会影响观众的观感体验。录制音频时要避免其他杂音干扰，例如在室内录制音频时，应避免室外的说话声或嘈杂声。

### 信噪比与分贝

信噪比是科学和工程中所用的一种度量，是衡量信号质量的一个重要指标，用于比较所需信号的强度与背景噪声的强度。其定义为信号功率与噪声功率的比率，以分贝（dB）为单位表示。信噪比越高，表示信号相对于噪声更强，质量更好。

## ■ 二、视频后期制作标准

视频通常都要进行一定的加工，在加工中要遵循以下标准。

### （一）片头、片尾

如果要为视频制作统一的片头、片尾，那么一定不要太长，开门见山、直奔主题会更受欢迎。片头、片尾通常不要超过 10 秒，片头可出现课程名称、执教教师姓名、单位等信息。

### （二）视频压缩

高清晰度的视频固然好，但是会占用大量的存储空间，且不利于网络传输。因为码书中的视频通常是通过扫码在手机上观看的，因此适当的压缩非常必要，这样还能减少视频在线观看时缓存的时间，提高视频浏览的体验。视频压缩格式及技术参数如下。

（1）视频压缩采用 H.264/AVC（MPEG-4 Part 10）编码，使用二次编码，不包含字幕的 MP4 格式。

（2）视频码流率。动态码流的最高码率不高于 2500Kbps，最低码率不低于 1024Kbps。

（3）视频分辨率。前期采用标准 4:3 拍摄时，可设定为 720px×576px；前期采用标准 16:9 拍摄时，可设定为 1024px×576px；在同一课程中，所有视频的分辨率应该统一，一般标清与高清不能混用。

（4）视频帧率为 25 帧 / 秒。

### （三）音频压缩

音频压缩的目的是为了让文件变小。在早期网速慢的时候，如果在互联网上传输一个 100MB 多的未经过压缩的无损音频，可能要下载一年。随着网速的加快，很多软件也支持在线听无损音频。但在有限的储存空间情况下，音频压缩还是非常有必要的。音频压缩格式及技术参数如下。

（1）音频压缩采用 AAC（MPEG-4 Part 3）格式。

（2）采样率为 48kHz。

（3）音频码流率为 128Kbps（恒定）。

（4）必须是左右双声道，同时做混音处理。

### 音视频道理知多少

（1）音频码流率。音频码流率指一个音频流中每秒钟能通过的数据流量，又称比特率。对于格式相同的文件，码率越大，音质越好。

（2）视频码流率。视频码流率指视频文件在单位时间内使用的数据流量。同样分辨率下，码流越大，画质越清晰，要求播放设备的解码能力也越高。

（3）采样率。采样率指计算机单位时间内能够采集多少个信号样本。

（4）帧率。帧率指每秒钟播放的静态画面数量。帧率越大，画面看起来越流畅。

### （四）封装格式

封装格式也叫容器，将已经编码压缩好的视频轨和音频轨按照一定的格式放到一个文件中。通俗地说，视频轨相当于饭，而音频轨相当于菜，封装格式是一个碗或者是一个锅，是用来盛放"饭菜"的容器。

常采用 MP4 或 FLV 格式封装。由于 MP4 格式能够容纳的媒体类型多样，支持各种操作系统且文件相对较小，可以在计算机、智能手机、平板、电视等各种平台上顺畅播放，因此一般情况下选择 MP4 作为最终保存格式即可。

### （五）字幕标准

有时候需要为做好的视频增加字幕。字幕可以直接通过视频编辑软件导入视频，也可以"外挂"。外挂字幕的好处是字幕信息以独立的文件存在，可以随时编辑或删除。字幕的基本要求如下。

（1）字幕的行数要求为每屏不超过两行。

（2）字幕应位于屏幕下方并居中，左右和下边必须留空。保持每屏字幕出现的位置一致。

（3）字幕的断句不能简单按照字数断句，应以内容为断句依据。

（4）除了书名号、间隔号、连接号、特殊词语的引号外，其他标点都可以用空格代替，表示语气停顿。字幕中的标点、空格均使用全角。

（5）字幕中的数学公式、化学分子式、物理量和单位尽量以文本呈现；不宜使用文本的，可作为画面内容显示。

（6）如果使用外挂字幕，字幕文件格式有两种，第一种是 SRT 格式，这种格式的字幕体积小，用记事本就可以打开编辑。第二种是 SUB+IDX 格式，这种格式是图形字幕，只能用字幕转换软件，体积较大。

**视 频 压 缩**

　　视频压缩是指通过特定的压缩技术，比如调节视频的参数、减少画面冗余信息的记录、减少细节等方式，达到缩减视频文件大小、节省存储空间的目的。视频压缩分有损压缩和无损压缩。

## ■ 三、变化的标准

　　扫描右侧的二维码，有一个码书示范视频，以供读者参考。

码书示范
视频

　　视频的制作标准处在不断地变化、发展之中。一方面是因为技术的发展，如新的、更优秀的文件格式可能取代旧的文件格式；网络宽带的普及允许视频分辨率提升以带来更清晰的观影体验等。另一方面是人们的使用习惯，例如之前提到的尺寸标准都以"横屏"显示作为标准，因为无论是电影、电视、计算机还是手机，多数都是横着看；而目前"竖屏"视频已有流行之势，就需要将尺寸比例颠倒过来。横屏视频和竖屏视频如图 2-1 所示。

图 2-1　横屏视频和竖屏视频

　　不过无论怎样发展，总体来说，直观的视频标准应当是：画面清晰、连贯、无抖动；声音清晰、适中、无杂音；声画同步、自然、无失真；网络浏览顺畅、不卡顿。

　　标准很重要，但也不能墨守成规。牢记标准的同时，如果有更加奇妙的想法，不妨用自己的方式把它用视频的方式表达出来。

## 第二节 图文设计标准

"码书"作为印刷出版物，自然离不开文字和插图。那么这些文字、图片需要遵循怎样的编写和绘制标准呢？作为一本书，如何才能吸引读者，让读者喜欢阅读呢？

### ■ 一、文字整洁易阅读

一线教师编写"码书"旨在传播教师的教学经验与教育智慧。其中的文字应直击主题、简练畅达、通俗易懂，以便于同行（其他教师）或其他读者的阅读和理解。因为读者并不喜欢阅读长篇大论又抓不住重点的文章。

#### （一）字体、字号

标题和正文应当使用不同的字体和字号。码书的编写者应该从一开始就定下一个标准。下面是一个推荐标准，仅供参考。

（1）章节题目宜用华文中宋字体，3号，加粗、居中。

（2）一级标题宜用黑体字，4号，加粗。

（3）二级标题宜用宋体字，小4号，加粗。

（4）三级标题宜用宋体字，5号，加粗。

（5）正文宜用宋体字，5号，不加粗。

（6）图注和标注宜用宋体字，小5号，不加粗，居中。

#### （二）文字使用

（1）语言应符合现代汉语规范，除较为特殊的人名、地名，避免使用旧体字、异体字和繁体字。

（2）用字须规范，以《简化字总表》《现代汉语通用字表》为准。

（3）人名、地名、书名、单位名等须全书统一。

（4）中国清代和清代以前的历史纪年、各民族的非公历纪年使用汉字，并采用阿拉伯数字括注公历。

#### （三）标点符号

（1）中文标点符号的使用要遵守《标点符号用法》（GB/T 15834—1995）的规定。注意句号、问号、叹号、逗号、顿号、分号和冒号不可出现在一行之首，引号、括号、书名号的前一半不可出现在一行之末，后一半不可出现在一行之首。

《标点符号用法》下载

（2）一般文字的省略用省略号（……）标示，数学矩阵或行列式中的行省略用"⋮"标示，矩阵中行内的省略用横排的"…"标示，列内的省略用竖排的"⋮"标示。

（3）书名、篇名、报纸名、刊物名等，用书名号（《》）标示。

（4）外国人名和某些少数民族人名内各部分的分界，用间隔号（·）或半字线（-）标示。

（5）各级标题一般可以不用句末符号。但是如果与语义的表达息息相关，就要加上句末符号。

（6）用数词命名的历史事件，应在数词外加引号，数词间加间隔号。例如："一二·九"运动、"九·一八"事变。如果事件比较有名，不加引号或间隔号不会妨碍理解，则可以不加引号和间隔号。例如：六一儿童节、五一劳动节、五四运动。

## ■ 二、图文并茂吸引人

为了便于阅读，码书应当插入适量的图片。图文并茂，更能吸引读者。码书中的图片可以是手绘图、摄影照片、计算机制图等。

清晰是对图片的基本要求，图片的像素一般应在1000px以上。如果用文件大小来衡量，一般图片文件应大于1MB，且最好采用BMP等格式。不同种类的图片有不同的质量鉴别标准，如彩色照片、黑白照片等，必须图像清晰、饱和度好；手绘图等必须色彩鲜明、色调准确。

图注应当位于图的下侧、居中，图注文字应当尽量简洁，如图2-2所示。

图 2-2　孔子像

码书中的图片应与文字交相呼应，且不得出现敏感性内容。如需使用地图，应根据中国地图出版社最新出版的《中华人民共和国地图》《中华人民共和国分省地图集》绘制，并确保地图完整、准确。

### 图 片 版 权

使用网络上的图片一定要注意版权。一旦图片的版权所有人提出诉讼，则使用者将面临法律的处罚。另外，如果拍摄的照片中有其他人物（如所在学校的老师、学生），用到码书里，一定要事前征得其同意，且最好是书面授权，否则一样会面临侵权起诉。

在选用或对图片进行加工处理时，要注意以下几点。

（1）图片不要有水印。

（2）图片展示的稿面一般不能有折痕、划痕或其他痕迹。

（3）图片中的主体内容不能残缺，特别是关键人物不能残缺。

（4）带有文字内容的图像或图形，缩放比例过大时不能导致文字模糊难辨或变形缺损。

# 第三节  二维码的呈现

码书因富含"二维码"而得名。在码书中，二维码是链接纸介图书和互联网资源（或线上服务）的纽带，也是现实与虚拟、线下与线上的交汇点。因为有了二维码，码书的内容才得以无限丰富并生动起来。那么码书中的二维码是怎样呈现的呢？标准又是怎样的呢？

## ■ 一、二维码的另一端

本质上，码书中二维码就是一个"链接"。通过扫码，读者可以打开指定的一个网络地址。而这个地址可以呈现的内容或功能几乎是无限的，如视频、音频、网页、讨论组、测试、调查、文档等。因此，尽管多数码书中的二维码指向微课或其他短视频，但作为码书开发者，完全可以放飞思想、打开思路，更加开放地思考"二维码"在码书中应用的可能性。

### （一）对于正式出版的码书

（1）如果扫码打开的是一段视频或音频，则这些资源应当在制作完成后，统一交给出版社的编辑。由出版社的专业人员审核后，统一部署到出版社的专门服务器上，以确保相关资源的安全、稳定。

（2）如果扫码打开的是一个网址，则这个网址所链接的网站应当是政府官网或公信度高的网站，如中国政府网、教育部网等。另外网站地址尽量指向平台的首页，而不是具体页面，以避免相应网页被删除或更改。

（3）如果扫码打开的是一个讨论组，或测试、调查等功能网页，则提供这个功能的平台应当有足够的稳定性、可靠性和持续性。

### （二）对于非正式出版的码书

（1）如果扫码打开的是一段视频或音频，则这些资源应当在制作完成后，上传到一个技术稳定的平台（最好是官方平台，如教育行政部门开发的资源服务平台），以确保访问持久畅通。

（2）如果扫码打开的是一个网址，则这个网址所链接的网站应当是政府官网或公信度高的网站，如中国政府网、教育部网等。即便是短时间内临时使用的码书，也应当确保链接的"可打开"，且无广告或其他干扰。

（3）如果扫码打开的是一个讨论组，或测试、调查等功能网页，则提供这个功能的平台应当有足够的稳定性、可靠性。

## ■ 二、二维码的布局

在码书中，二维码应当与文字内容紧紧相随、相得益彰，且二维码的数量也不宜过多或过少。在数量上，一般一页最多 2 个二维码，太多的二维码会显得凌乱，且会增加读者的浏览负担。在码书制作的设计初始阶段，作者需要对书中的二维码进行整体设计，从多到少，可以有以下几种设计方案。

（1）每一页都有一个二维码。通常放在每页的顶端或末尾。具体又以居中或外侧更为美观和方便操作。

（2）每一个专栏配套一个二维码。通常放在专栏，也就是码书的内容栏目（如"教师点评""哲理故事""情景重现"）旁边。

（3）每一个小节配套一个二维码。通常放在节的开始或末尾。

（4）每一章配套一个二维码。通常放在章的开始或末尾。

为了美观，还可以在书中需要出现二维码的地方，开辟一个稍微大一点的专区，让二维码与书中的图文更协调，并补充提供一些必要的说明，如图 2-3 所示。

学习支持服务是提供者与接收者双方的事情。高质量的服务是双方高效互动的结果。最佳的办法是服务提供者努力做一个好的服务提供者，服务接收者努力做一个好的服务接收者。下面谈的主要是如何做一个好的服务接收者的相关问题。

样例　视频 4-6　获取支持服务的技巧

图 2-3　二维码布局示范

## ■ 三、二维码的样子

前面介绍过二维码的构成。其实在最普通的黑白二维码的基础上，还可以制作出更美观或更富有创意的二维码，以下是一些创作思路。

### （一）增加图标

很多二维码都会在中间增加一个图标，来体现个性化或者单位、个人的品牌。这个图标的呈现可以是圆形或矩形，尺寸也可以略有不同。图标可以放在右下角，但是放在中间是最符合用户习惯的，如图 2-4 所示。

图 2-4　增加了图标的二维码

（二）增加颜色

二维码并不都是黑白的，也可以设置成纯彩色、渐变色等。对于正式出版的码书，因为最终涉及印刷问题（通常教材是黑白或双色），所以要谨慎使用彩色。另外还可以给二维码设定背景色，以及图标的颜色等。

（三）设定样式

二维码的码点和码眼也是可以变化的，码书作者可以根据自己的喜好进行设定。不过不应过于花哨，以免干扰读者。

以上这些都可以在二维码生成器中进行设计和编辑，图 2-5 所示是来自"草料二维码"网站的截图。

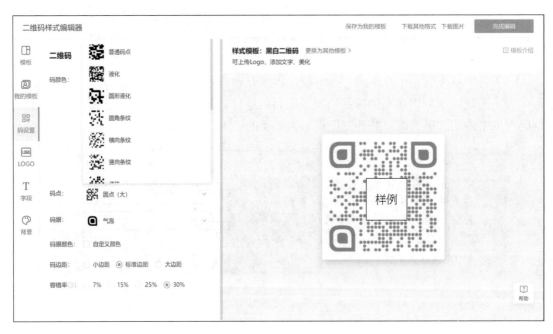

图 2-5　"草料二维码"网站的截图

# 第四节　一本好的码书

相对于传统图书，码书通过植入二维码实现了传统出版物的"数字化"，实现了图书的扩容，增强了阅读体验，更容易让读者与图书产生互动。对于开发者，心中要有一个明确的目标，清晰地知道一本好的码书应该是什么样子。

一本好的码书，应该让读者"看到，就爱不释手；读之，能从中受益；扫码，会呈现精彩"。概括而言，一本好的码书应有四大特征，分别是：有一个好的选题，有清晰的内容框架，有精致的视频资源，有独到的智慧贡献。

## ■ 一、好的选题

对于码书的开发，一个好的选题就是成功的一半。好的选题一般应具备 3 个条件。

### （一）贴近真实需求

贴近真实需求指能够满足特定用户，以及尽可能满足广泛用户的需求。对于教育领域，最好是学生需要，家长需要，教师也需要。而且针对这个需求，市面上尚未有成熟的图书，特别是融媒体图书。如果满足以上条件，则这个选题就非常有价值，因为它解决了特定的问题，满足了特定的需求，而且具有独创性。通常，一本码书一定要有清晰的读者群体，如果在码书编写之初没有清晰的目标读者，则写出来的书很难有市场。例如曾鸣老师《轻松学写硬笔字》的创作灵感就是来源于实践。

### （二）发挥数字化优势

码书的特点是在传统图书的基础上增加了视频、音频等资源。那些使用文字难以准确表达，而使用视频可以直观呈现的内容更适合做成码书。例如运动、操作类的动作要领，即便讲解很多遍，也不如一个示范动作的视频直观；再如涉及发音、口头表达类的内容，口型和文字要领，都不如给出标准的音视频示范；再如涉及历史、地理、生物的讲述，文字很多时候显得单薄、无力，但视频可以生动地再现历史事件，带领读者走遍神州大地，跨越时空，对生命成长进行观察。

### （三）经得起时间考验

一本好的码书，内容应当经典。如果书出版一年就没有了使用或推广价值，则不是一个好的选题，至少不是一个经得起时间考验的选题。对于码书作者，要选择那些具有稳定性，长时间内都会有源源不断的新读者的选题。这样的选题，具有旺盛的生命力。在内容经典的同时，二维码可以实现与时俱进的资源更新，从而赋予码书更强的生命力。

## ■ 二、清晰的内容框架

如同树的生长，总是先有主干，再生长出枝干，然后逐步成长为一棵枝叶茂盛的大树。码书确定了选题之后，就要构建大的"主干"和"枝干"，如图 2-6 所示，也就是形成内容框架体系，即进行全书内容的结构化。纲举目张，只有框架清晰了，才能进行有效地开发。而对于学习者来说，无序的内容只会让读者受累，所以梳理框架对于落地选题至关重要。

对于码书作者，构建内容框架主要通过制作目录来实现。读

图 2-6　树的主干和枝干

者拿到一本书，除了封面之外，首先翻看的就是目录，目的是了解书的内容框架，足见目录的重要。通常，码书的目录有两个层次，在目录上呈现太多层次，容易淡化整体结构，增加认知负荷。

这两层结构，特别是第一层模块的划分必须具有科学性、完整性和可读性。一般来说，内容框架是因书而异、因主题而异的，没有固定的结构可以模仿。例如陈耿炎等编写的《物理趣味创意实验 100 个——让孩子们一起玩中学》分为"声与光""热与能""电与磁""运动与力""其他"五个部分，每个部分又包含了 20 个左右不等的实验；陈燕等编写的《轻松读谱和唱谱》共三章，分别是"理论篇""练习篇""实战篇"。

认知负荷由约翰·斯威勒提出，是指在处理某项工作任务的过程中，个体认知系统所耗费的资源总量。个体能够承担的工作记忆总量是有限的，因此要合理安排工作和学习内容，避免出现认知负荷超载。

## ■ 三、精致的视频资源

视频是能否引起读者阅读兴趣的关键因素。如果读者在阅读码书时，扫码看到的视频资源质量平平，甚至粗制滥造，就会降低阅读兴趣和满意度。如何制作精致的视频资源呢？

（1）视频必须清晰。当前即便是使用智能手机进行拍摄，也能够制作出高清晰度的视频。但在视频后期进行处理时，不要对其进行过度压缩。毕竟现在已经步入 5G 时代，网络带宽越来越大，浏览视频（特别是短视频）几乎不成问题。

（2）画面必须简洁。不要让不相关的人物、物品、背景出现在画面里，不要对读者形成干扰。很多时候，寻找一个纯色背景的地方，最适合拍摄。总之，视频中不要有喧宾夺主的物品出现。所有可能的干扰都要提前清除。

（3）声音必须清晰。再好的画面，如果配音大得刺耳，或小得听不清，抑或夹杂着不明所以的噪声，都会让人无法忍受。因此在视频录制时，一定要把好声音关，尽可能消除或降低环境噪声，避免出现"意外之声"。

（4）内容必须翔实。除了以上三点和技术有关的要求外，视频资源还要注重"内在"，要有能够吸引读者的内容。只有在内容上符合读者的需求，码书的创作才更有意义。另外，内容的表达要有趣味性。读者观看码书视频是为了获得有价值的信息，但如果内容表达枯燥无味，读者很容易丧失看下去的兴趣。

很多码书作者在制作码书视频时，都花了大量的时间。一个看似简单的 3 分钟视频，可能拍摄了好多遍，也可能后期制作花了很长时间。特别是在制作初期的技术摸索阶段，不断尝试、不断完善是必经之路。

## ■ 四、独到的智慧贡献

作为正式公开的出版物，一本码书应对人类知识宝库做出一定的积极贡献，也就是有着区别于其他同类作品的原创内容，如原创的观点、原创的技法、首次发布的数据、以前未曾公开的案例等，即需要包含"见人之所未见，发人之所未发"的内容。这是一本好的码书必不可少的特征。

对于开发码书的教师要深度挖掘自己在某一教学领域的隐性知识（隐性经验），并将其体系化，使得个人智慧能够凭借码书这一介质得以进行广泛且有效地传播。互联网时代，每个人都可以是知识的贡献者，每个人都有值得别人学习的专长。找到自己的优势和秘籍，制作成码书，让更多人从中受益，这就是码书的意义。

# 第 三 章
# 码 书 选 题

## 第一节　寻找痛点与惊喜

对于码书作者，选题是开发码书的头等大事。要使码书成为热销产品，必须抓住读者的"痛点"，并找到能让读者惊喜的内容。本节将使用"母爱模式"和"父爱模式"这两个概念，帮助码书开发者寻找最佳的选题创意。

>
>
> 痛点多指尚未被满足，而又被广泛渴望的需求。它是理想与现实之间的差距，即缺乏感。没有缺乏，就形不成痛点。

### ■ 一、母爱模式

母爱模式，顾名思义就是像母亲一样全心全意地满足孩子的需求，而且是尽可能地满足其所有需求。开发码书就是通过了解用户（可能是学生，也可能是教师或家长）的喜好来设计书。即用户需要什么，开发者就开发什么；用户认为什么东西好，开发者就多提供什么。当前，如抖音、头条、快手等 App 的信息推荐机制就是典型的母爱模式，完全根据用户的使用偏好来不断推送新的信息。

从积极的角度来理解母爱模式，就是用户思维，满足需求。在开发码书时，必须确定目标读者，然后关注读者需求，找到读者缺少且急于想获取的主题，特别是客观存在的真实"问题"，然后分析问题，围绕读者的"痛点"进行码书的开发和内容组织，最终解决读者关心的"痛点"问题。其选题逻辑如图 3-1 所示。

图 3-1　母爱模式是满足需求

## ■ 二、父爱模式

与母爱模式不同，父爱模式是创造需求。以前大家都使用按键手机，但是乔布斯没有继续挖掘用户在传统手机领域的需求（如优化外观、提高操作性能、开发小游戏等），而是跳出传统手机的设计思路，凭借个人认知和大胆设想，一举发明了完全没有按键，靠触摸屏来操作的智能手机。这样的手机在当时不符合广大用户的需求。但是，每一个看到苹果手机产品的用户，又都会对它爱不释手。这就是创造需求。

"父爱模式"是开发者认为什么是好东西，就给用户提供什么。"我负责产品创新，你只需负责体验"是父爱模式的座右铭。对于教育创造需求往往需要跳出"课堂""班级""学校"这些小圈子，真正站在人的成长和文化传承高度，重新审视教与学。这需要产品提供方有远见卓识和独到智慧，即具有专家的引领性。码书开发的父爱模式就是要通过新理念、新思路，打造令人惊喜的产品，创造需求，让用户意想不到，但见了就爱不释手。其选题逻辑如图 3-2 所示。

图 3-2　父爱模式是创造需求

龚洁老师的《美术创意手工 50 个——"纸"爱首饰》就是这样的一本码书。很少有人会主动寻找一本专门介绍用纸来制作首饰的书，但是看到它，读者会对它爱不释手。因为作者在这一领域的深入挖掘犹如一座宝藏，吸引着每一个看到它的人。

不论是母爱模式，还是父爱模式，码书都需要基于问题，并提供有效解决问题的实用方法。要让码书读者在阅读之后，产生"改变"。这个改变可以是行动上的，也可以是思维上的。将这两种模式进行对比，如表 3-1 所示。

表 3-1　母爱模式与父爱模式

| 母 爱 模 式 | 父 爱 模 式 |
|---|---|
| 满足需求 | 创造需求 |
| 用户思维 | 开发者思维 |
| 基于当下问题进行分析 | 通过新的理念进行尝试 |
| 重在解决当前用户所面临的问题，逐一攻克 | 重在探索用户未知的领域，帮助用户找到新的需求点 |
| 运用基础的问题解决能力 | 深度思考，并发挥自身想象力 |
| 方案成熟，效果稳定 | 对能力要求高，需要一定的试错成本 |

## 第二节　发现自己的特长

这是一个人人终身学习、人人皆可为师的时代。作为码书的开发者，首先要坚定地相信，自己在教学工作中，经过长期的学习、实践和积累，是有一定特长或经验的，而且这个特长或经验对其他人会非常有益。

## ■ 一、进行反思总结

自我反思是教师研究自己的重要手段之一。一线教师可以通过回顾自己的教学经历，思考哪些教学活动或主题让自己感到特别兴奋和有成就感。这些让自己感到兴奋和有成就感的教学活动或主题往往与自己的特长和优势密切相关。例如，有些教师发现自己特别喜欢和擅长物理实验教学，因为在实验教学中，他们可以让学生亲身参与，亲手操作，从而更好地理解和掌握科学知识。

### （一）切片式研修

一线教师可以通过精准教研，开展切片式研修，通过回放观看自己的课堂教学实录细节片段，从旁观者的角度审视自己的教学过程，梳理自己的教学方法、学生表现。切片式观看教学实录，教师可以更准确地了解自己在课堂上的表现、教学风格和课堂成效。

切片式研修又被称为"课堂教学切片式教研"，是指选取课堂教学的典型（可推广或可提升）教学片段，进行共同诊断与研究。具体而言，切片式研修是备课组教师使用录像设备录制课堂教学过程，然后通过视频整合、剪切与转换软件制作成视频片段，从而进行教学研究的一种教研方式。

### （二）教学反思

教师们在自己的教学过程中特别有感触的时候，建议及时写一篇教学反思，可具体描述教学过程，包括教学目标、教学内容、教学方法、课堂管理等方面的情况。描述要客观、详细，反映出教学的真实情况，这有助于教师更准确地发现自己的特长和优势。教学反思还需要特别关注学生反馈。学生是课堂的主体，学习的发生最终体现在学生身上。教师可以通过观察、谈话、作业、测试、问卷等多个途径，了解学生的学习过程和学习结果。通过教学反思，记录自己在教学过程中的具体做法和学生的反馈，分析遇到的问题和挑战，总结成功的教学经验和成效等，可以帮助教师们找到自己的特长。当同类教学反思积累到一定程度时，教师可以清晰地了解自己的教学历程和成长过程，萃取出规律性的方法、流程、工具和标准。这些成果，一方面可以指导后期的教学，另一方面可以将萃取出的经验方法作为开发码书课程的素材。

## ■ 二、四色圆法找亮点

每一位教师都有自己的"亮点"，如何寻找自己的"亮点"呢？这个亮点和出彩之处可能在教学中、在班级管理和学生管理过程中，也可能在日常德育等其他方面。作为码书的开发者，在日常工作中，是否有可圈可点之处呢？这些可圈可点的地方一定有合乎教学及人才培养的规律存在，有融合了个人智慧的隐性经验存在。这些经验非常值得挖掘和发扬光大。

经过实践和研究，设计了四色圆法，如图 3-3 所示，通过学生、同事、家长的评价和自我反思，收集关于自己优势、特长的信息，然后进行梳理、合并，公共的部分很可能就是教师最大的亮点。在这个搜集过程中，建议多听少说，充分了解别人眼中的自己。

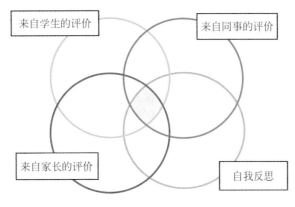

图 3-3　四色圆

另外，还可以按照以下思路，对自身进行一次反思查验。用纸张把回答记录下来，不要放过任何细节。从如下事项中，把其中包含的能力、潜质等要素提炼出来。然后围绕发现的个人优点，进一步利用学习和实践，使之成为自己的专长。

（1）回忆往事，有什么受人夸奖的长处或事情？

（2）回忆往事，有什么自己满意甚至自豪的长处或事情？

（3）以前曾经获得过什么奖励和表彰？

（4）自己在做什么事情的时候会乐在其中，感觉时间过得特别快，即进入了心理学的"心流"模式？

（5）自己有什么别人所不具备的特点，包括为一些人所排斥的特质？

（6）自己有什么身边人不具有的知识或技能？

（7）自己有什么别人不具有的兴趣、愿望？

（8）自己主持或核心参与过哪些教学研究项目？有什么成果？

# 第三节　把握时代的方向

作为一名教师，要上好课，教好学，必须洞悉教育规律和发展方向，了解党和国家的教育方针，努力使自己的工作与国家教育方针、教育发展战略、改革创新同向同行，同频共振。码书作为教师智慧的载体，其选题也应勇立潮头，与时代脉搏、发展方向密切联系。

而要从时代发展中抓住机会，需要有敏锐的洞察力和极强的执行力。

## ■ 一、把握教育发展趋势

身处新时代，教育都在发生什么变化呢？ 2022 年 10 月 16 日，中国共产党第二十次全国代表大会在北京胜利召开。明确提出要坚持教育优先发展、科技自立自强、人才引领驱动，加快建设教育强国、科技强国、人才强国，坚持为党育人、为国育才，全面提高人才自主培养质量，着力造就拔尖创新人才，聚天下英才而用之。具体到办好人民满意的教育，党的二十大报告做出如下指示。

教育是国之大计、党之大计。培养什么人、怎样培养人、为谁培养人是教育的根本问题。育人的根本在于立德。全面贯彻党的教育方针，落实立德树人根本任务，培养德智体美劳全面发展的社会主义建设者和接班人。坚持以人民为中心发展教育，加快建设高质量教育体系，发展素质教育，促进教育公平。加快义务教育优质均衡发展和城乡一体化，优化区域教育资源配置，强化学前教育、特殊教育普惠发展，坚持高中阶段学校多样化发展，完善覆盖全学段学生资助体系。统筹职业教育、高等教育、继续教育协同创新，推进职普融通、产教融合、科教融汇，优化职业教育类型定位。加强基础学科、新兴学科、交叉学科建设，加快建设中国特色、世界一流的大学和优势学科。引导规范民办教育发展。加大国家通用语言文字推广力度。深化教育领域综合改革，加强教材建设和管理，完善学校管理和教育评价体系,健全学校家庭社会育人机制。加强师德师风建设，培养高素质教师队伍，弘扬尊师重教社会风尚。推进教育数字化，建设全民终身学习的学习型社会、学习型大国。

### （一）"双减"战略

具体到基础教育，2021 年 7 月 24 日，中共中央办公厅、国务院办公厅印发了《关于进一步减轻义务教育阶段学生作业负担和校外培训负担的意见》。"双减"及其系列配套政策的出台，对整个中国教育来说意义极为深远。改革迫在眉睫，并且已经进入了重拳出击的实质性推进阶段。

文件下载

"双减"的路径非常清晰，就是要减轻学生课内作业负担、减轻学生校外培训负担、提升学校教育教学质量。而在这一改革过程中，码书能够在课堂内发挥什么作用？在课外发挥什么作用？能为教师和学生做什么？以上这些问题都非常值得研究和探索。

### （二）数字化战略行动

在传统教育信息化的基础上，国家正在实施教育数字化战略行动。数字化、数字赋能、智慧教育、人工智能已经越来越多地被写入政策文件，转化为教育实践。数字化的目的，是深化教育改革，构建高质量的教育体系。对于基础教育则更强调优质均衡。

在数字化战略行动中，一个重点建设内容就是数字化的优质教育教学资源。教育部已经推出的"国家中小学智慧教育平台"汇聚了数万条资源，但这并不够，还需要持续更新和完善。而码书本身就是数字化的，是优质的数字化学习资源和教师专业发展资源。这与教育发展的趋势是高度契合的。

除了"双减""数字化"等趋势外，前文提到的"优质均衡"，以及前文未提及的"劳动教育""安全教育""家庭教育""双师教学""直播教学""新课程""安吉游戏""德育""心理健康"等，都是教育的关键词和热点领域，都值得码书作者去开发关注。

## ■ 二、把握课程方向

前文着重于整个教育的发展趋势。而对于具体负责课程教学的教师，在准备开发码书，要确定选题的时候，更要充分考虑自己教授课程的发展方向和热点。

### （一）关注课程特殊问题

如果是一名语文教师，则作文教学是否有新的理念、新的方法、新的经验值得推广（如"情景写作"）？

如果是一名英语教师，则"课本剧""英语话剧"是不是一种有效的听说训练模式？是否可以深度挖掘其中的方法和规律？

如果是一名体育教师，则适合居家的"室内训练""亲子游戏"是不是非常值得总结和梳理？

······

### （二）关注课程通识问题

除了学科特有的一些问题之外，还有以下一些通识性的选题方向。

（1）如何在课堂上贯彻思想政治教育？如何润物细无声地进行"育人"工作？有什么经验、案例和成效？

（2）在作业设计方面有什么好的思路和方法.能够既"压总量、控时间"，又"调结构、提质量"？

（3）在与信息技术结合方面，有什么有价值的分享？人工智能、大数据有没有创新应用？

······

无论是关注学科教学的发展方向，还是关注具体课程与教育方针要求的紧密结合，都有很多问题值得研究，值得探索，也非常值得开发成码书。

## ■ 三、把握教师专业发展方向

文件下载

有些码书的目标读者是教师，目的是促进教师的专业发展，便于开展教师培训。对于开发此类选题的作者，必须充分了解教师队伍的发展需要，以及教师专业发展的实际需求。2022 年，教育部等八部门关于印发《新时代基础教育强师计划》（教师〔2022〕6号）的通知，对大中小学教师队伍建设提出了明确要求，也为相关工作指明了方向，教师可据此进行认真学习、领悟。

此外，对于教师专业发展过程中的知识分布，可以通过图3-4了解新手教师与有经验的教师、专家型教师的差距。

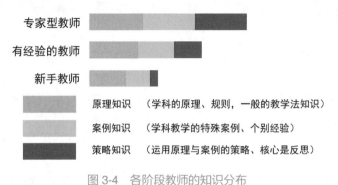

图 3-4　各阶段教师的知识分布

从中可以看到，策略知识是三个阶段教师差距最明显的地方。而策略知识的积累需要实践和时间，因此依托微课、短视频，将教师经验做成策略集，然后封装成码书，是一件非常有价值的工作。

# 第四节　六个选题小建议

当要创作一本属于自己的码书时，特别是第一次编写码书时，选题直接决定码书能否编写成功。一个好的选题会事半功倍，而一个差的选题会事倍功半。以下是六个选题建议，希望能为读者提供帮助。

## ■ 一、做擅长的事

作为码书的开发者，甚至出版者，要在选定的"主题"上有经验、有思考、有优势。不要轻易去做自己不擅长的事。如果常年做班主任工作，则学生管理、班会组织、家校协作、心理辅导等都是可以选择的方向。如果常年教数学，对某一学段的数学教学及其规律了如指掌，则可以编写与数学相关的码书。

做自己最擅长的事也契合前文反复提到的挖掘教师隐性经验，促进隐性经验显性化。隐性经验一定在自己最熟悉的工作中，千万不要舍近求远，顾左右而言他。将自己擅长的事做好，且坚持一直做好，就会成为这方面的专家。

## ■ 二、不要闭门造车

当码书开发者有了一个大致的想法时，可以到书店（或图书馆），也可以在网上书店搜索寻找，看在同一领域都有哪些书，有没有想法相同或特别相近且已经正式出版的图书。千万不要闭门造车，最后浪费了时间和精力，做了重复的事情。

这件事非常重要，必须要做，而且要花些时间仔细做。搜索过程中可能会发现自己心目中要做的码书已经出版了，而且已出版的码书已经非常周全、专业。遇到这种情况，则可以考虑换个题目。也许还会看到同类的书，但和自己的想法不尽相同，自己还有可以超越之处，则可以将这本书作为参考资料，同时继续深耕，做好自己的特色化码书。

## ■ 三、基于课题选题

不少学校和教师都有自己主持或参与的课题（可能是国家级、省级、市级、区级或校级课题）。这些课题能够立项，一定是源于教育教学实践，旨在解决一定的现实问题或推动一定的改革创新。充分利用课题研究成果，依托课题研究基础来制作码书，是进行码书选题的一个有效捷径。

反过来，开发的码书、录制的系列微课程，还能作为课题的重要研究成果，来支撑课题结题。这不是两全其美的事情吗？另外，通过对已经出版码书作者的访谈，了解到不少教师正是在课题研究基础上，进一步深耕细作，才成功开发了码书。

## ■ 四、注重日常积累

美国教育学者波斯纳提出教师成长公式，即"教师的成长 = 经验 + 反思"。教学反思应贯穿每一位教师的教育教学工作全过程，是教师专业发展和教学水平提升的重要途径。作为教师，如果能够长期坚持，将自己日常教学中遇到的问题、困惑及其思考、行动、经验等记录下来，特别是通过视频、音频的形式记录下来，就可以形成自己的"经验"素材库。

这个素材库将是无价之宝，且随着时间的延续，会变得越来越充实、越来越体系化。有了这样的经验素材库，再开发码书，就容易多了。

## ■ 五、积极探索创新

码书不仅形式上要新颖，其内容也应为读者打开一片新的天地。因此，码书的开发者从选题开始，就要立足新时代，关注教育的新理念、新技术、新模式、新案例、新方法。积极地将这些新理念、新技术、新模式等应用于自己的课堂教学或班级管理、学生管理，谋求实践创新，产生生动案例，推动有效应用。

## ■ 六、为码书起名字

作为出版物，码书在和读者见面时，首先被感知的是书名。因此在确定了基本选题方向之后，给自己的码书起个响亮的名字非常重要。一个好的名字至少有以下几个特点。

（1）准确反映内容。书名要通过有限的字数，准确表达书的主题和内容（学科、用途、可以解决什么问题），是写给谁看的（如学生或教师，哪个学段等）。

（2）读来朗朗上口。好的书名不用长，但一定要朗朗上口，有节奏感，而且容易被人记住。如果书名很拗口，则很难吸引人的注意力。

（3）主标题和副标题相结合。很多时候，可以通过主副标题结合的方式，来更加完整地表达作者意图。一般情况下，主标题负责突出亮点、抓人眼球，副标题则具体说明图书内容。例如罗秀锦老师的《轻松学拼读——小学英语拼读入门教程》；也可以反过来，如龚洁老师的《美术创意手工 50 个——"纸"爱首饰》。

# 第五节　认真填写选题表

对于要在出版社正式出版的码书，选题确定之后，需要填写一份正式的选题申请表（如图 3-5 所示，是某出版社的选题申报表样例，其他出版社也都有类似的表格）。该表格用于向出版社提交选题申请和论证使用。其中的信息对于图书列选、出版与推广具有直接价值，因此必须认真填写，且应使用简洁的正式书面语言准确、详尽地逐项填写。

申请表样例

选题申报表主要包括以下方面的内容，一定要认真填写，不能有丝毫马虎。

## ■ 一、图书相关信息

图书相关信息主要包括中文书名、副书名，以及出版物的相关特征。

（1）书名和副书名。通常不超过 20 个汉字，而且越简练越好。关于码书的命名在上一节做过讨论，在此不再赘述。

（2）产品类型。一般包括"图书"和"图书配多媒体"两个选项，码书选择"图书"。

（3）版本来源。一般包括"本版""引进版""公版"等选项，码书选择"本版"。

（4）图书大类。一般包括"教材""零售""学术专著"等选项，码书选择"零售"。

（5）载体类型。一般包括"纸介质""数字"等选项，码书选择"纸介质"。

（6）多媒体载体形式。一般包括"光盘""移动硬盘""U 盘"等选项，没有可填"无"。

尊敬的作者/编者：

本书的列选、出版与推广将直接受惠于您所提供的下述信息，请以简洁的正式书面语言准确、详尽地逐项填写下表。

| 中文书名： | | |
|---|---|---|
| 副书名： | | |
| 产品类型： | 版权来源： | 图书大类： |
| 载体类型： | 多媒体载体形式： | |
| 估计字数（千字）： | 图幅数： | 计划交稿日期： |
| 著作方式： | 第一著作权人： | 计划出版日期： |

| 是 ⊙ 否 ⊙ | 收录有第三方作品（如是，请在签署出版合同时，提供第三方作品著作权人许可使用协议。） |
|---|---|

如为引进版图书，请填写如下信息。

| 版权类型： | | 原著书名： | |
|---|---|---|---|
| 原著书号： | | | 原著作者： |
| 原著语种： | | 原著总页码： | 原著出版社： |
| 原著出版国家或地区： | | 原著出版日期： | 原著版次： |
| ☐ 是否国内曾出版 | | 曾出版最新版次： | 其出版社： |

如为教材，请填写如下信息。

| 教材类别： | | | |
|---|---|---|---|
| 学历教育教材 | 学生层次： | 学科大类： | |
| | 一级学科： | 二级学科： | |
| 考试培训教材 | 考试/培训名称： | | |
| | 考试/培训人员规模： | 考试/培训时间频次： | 每年/次 |

如为学术专著，请填写如下信息。

| | 学科大类： | 一级学科： | |
|---|---|---|---|
| | 二级学科： | | |

| 销售分类 | | | |
|---|---|---|---|
| | 一级分类： | 二级分类： | |
| | 三级分类： | 四级分类： | |
| | 作者方用量： | | |

第一著（译）者简介（50~1000字）

图3-5 选题申报表（部分）

（7）估计字数（千字）。估计字数是指预计全书编写完成后的字数。

（8）画幅数。画幅数是指预计全书编写完成后的插图数量。

（9）著作方式。一般包括"主编""著""编著"等选项，码书通常是"著"或"编著"，根据实际填写即可。

（10）图书分类。一般又细分为一级分类、二级分类、三级分类、四级分类等。明确图书分类，有利于码书出版后在适宜的类别进行上架推广。

（11）计划交稿时间和计划出版时间。需要据实填写，一般交稿时间和出版时间应该间隔至少6个月。

（12）其他。有的选题申请表还会包含如学术专著（或教材、引进版图书）等的相关信息。

## ■ 二、作者相关信息

作者相关信息主要包括第一著作权人、作者简介、作者信息等内容。

（1）第一著作权人。著作权人又称"著作权主体"，是指依法对文学、艺术和科学作品享有著作权的人。第一著作权人即"第一作者"，一般会印在图书的封面上。当多人合作完成码书的编写时，一定要明确谁是第一著作权人。这关系到相关的权利和义务。另外，通常是第一著作权人作为代表和出版社签署正式出版合同。

（2）作者简介。选题申请表一般要求填写第一作者，以及其他合作者的简介，主要包括学历、职称、工作经历及主要成果等。相关简介一定要突出作者在选题方面的权威性和优势。出版社非常看重这点，所以一定要认真填写。

（3）作者信息。作者信息主要包括所有作者的姓名、身份证号、性别、国籍、工作单位、职务、电话、邮箱、银行账号、开户行等信息，主要为方便后期联系，以及稿酬分配等问题。

填表时，作者的顺序很重要，一定要本着客观、务实的原则和精神，按照对图书制作的实际贡献大小进行排序。

## ■ 三、内容相关信息

图书内容相关信息主要包括选题背景、特色、内容提要、大纲、关键词、市场分析等。

（1）选题背景。旨在说明编写码书的缘故（如时代背景、现实需求等），目的是客观分析出该书的理论与实践价值。

（2）特色。主要说明该书区别于同样选题图书的主要特点、特色，可以是内容方面的，也可以是编写体例、技术相关的。

（3）内容提要。需要简要说明码书的主要结构，以及都包含什么内容，读者对象是什么。

（4）大纲。大纲就是书的主要目录，一般需要列出详尽的一二级目录。

（5）关键词。关键词指可方便检索到该书的核心词汇，一般有 3~5 个。这对出版后的推广、发行非常重要。

（6）市场分析。市场分析主要说明该书的预期销售前景和使用需求。如果市面上存在同样选题的书，应当说明主要区别是什么。

（7）其他。有的选题申请表还会要求作者填写承诺购书款或购书量、资助款、邮寄地址、电子签名等信息。对于码书的开发者，一定要审慎填写、审慎承诺。

　　在填写选题申请表的时候，一定不要"闭门造车"，在不清楚的地方，可以联系出版社或找有经验的老师，询问清楚后再认真填写。

# 第四章
# 内容为王

## 第一节　想法内容体系化

"内容为王"是教育传播的重要规律之一。没有好的内容，再华丽的码书封面，也无法满足读者的深层次需求。要做出一本"码书"，就需要围绕选题将相关的内容（包括视频资源等）组织起来，这就是内容体系化的过程。在产生选题创意之后，一开始可能更多的是一些碎片化的想法和创意，那么应当如何把它们"丰富"并"串联"起来呢？

### ■ 一、进一步明确主题

选定题目之后，还需要进一步明确主题吗？很多时候，老师们想到了一个码书选题，但具体内容可能还是模糊的。这就需要通过不断地追问、不断地辨析，进一步明确要制作的码书到底是什么？可以从以下几个方面进行思考。

#### （一）自问码书要解决的问题

码书应当是基于需求的，码书应该能够解决学生或教师关于某一方面的特定问题，即可以为读者奉献某一领域的一道知识"盛宴"。但是这个问题要大小适中。太大的问题，恐怕很难深入；太小的问题，又可能很难组织丰富的内容。因此，应围绕一个大小适度的问题。例如，曾经有教师分别为 26 个英文字母创编了儿歌和舞蹈，但总计也只有 26 个，对于一本书而言，内容略显单薄。

#### （二）清楚每一个关键词的内涵

第三章介绍过如何给码书起个响亮的名字。但有了书名后，是否对书名中每个词、每个字的内涵都清楚了呢？实践中，有不少码书的开发者对自己书名中的关键概念理解得并不清晰，甚至存在错误认知，这会严重影响作者的科学表达，读者的理解，以及图书的传播效果。对于关键词，一定要明确其内涵和外延，明确所编写的码书里，概念的边界在哪里。例如，如果准备撰写一本有关"家庭教育"的码书，则家庭教育都应包含什么具体内容？是要教导孩子，还是教导家长？是否包含家庭成员之间的其他日常相处？这些问题要明确下来，才能够继续推进码书的开发工作。

## ■ 二、提出合理框架

将内容体系化落到实处，就是要形成科学、合理的内容框架。对于码书开发者，需要尽快确定全书的框架，或者可以直接做出码书的目录。

### （一）整体框架

"树的主干和枝干"可用来形容码书的整体框架，也强调了这个框架的重要性。评价一本书的组织架构，关键看是否科学和合理。作为码书的开发者，不能想到哪写到哪，而要在对书的主题做好界定之后，进行内容的顶层设计。这个顶层设计还必须遵循相关的学科规律和教育规律。

如果要开发一本有关小学数学的知识点复习码书，则整体应包含"数学与代数""空间与图形""统计与概率""实践与综合应用"等模块，这是小学数学课程标准确定的，缺一不可。少了一个就不完整，很容易就被同行发现。例如，武丽志等主编的《从优秀到卓越——教师研究力的 12 项修炼》，全书分为 12 "周"，分别对应了 12 个方面的内容（类似于传统的"章"）。在每一"周"里又包含了 7 天（类似于传统的"节"），前 5 天是新知识、新技能的讲解，第 6 天是"阶段回顾"，第 7 天是"实践反思"，这就是全书的整体框架。

### （二）分篇设计

有一些码书还会将全部内容按照一定的规律分成两个或三个大类，具体要根据选题及学科特点进行确定。例如有的码书包含"上篇：理论篇""下篇：实战篇"；有的码书根据语言教学大类分"听""说""读""写"四个部分；有的码书根据适合年龄分"上篇：小学低年级""中篇：小学中年级""下篇：小学高年级"；有的码书直接分为"第一部分""第二部分""第三部分"等。每个篇章的下面，可再具体设置节或专题。

## ■ 三、绘制思维导图

对于构架码书的内容体系，思维导图工具是不错的选择，特别是在设计的初期，使用思维导图软件有利于梳理杂乱无章的思想碎片，引导开发者搭建码书的"树干"和"树枝"。

MindMaster、Xmind 都是非常出色且容易获得的思维导图软件。这些工具都包含一些很有效的模板和功能，能够帮助用户快速入门，并将纷繁复杂的想法、知识和信息，简化成一张张清晰的思维导图，并以结构化、有序化的方式呈现，如图 4-1 所示，是 MindMaster 系统里的一张图书思维导图笔记。码书开发者可以以自己想要制作的码书为题，制作一幅有关码书内容体系的思维导图。

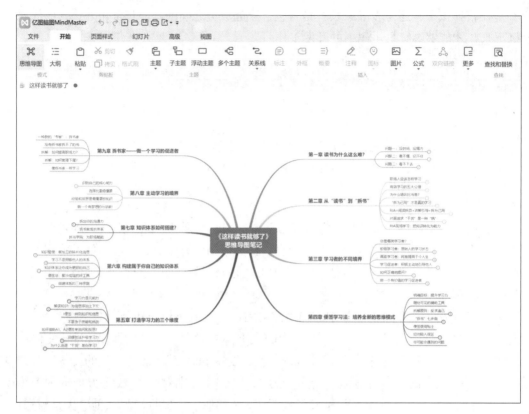

图 4-1　MindMaster 系统里的图书思维导图笔记

# 第二节　他人经验深加工

通过码书开发来挖掘教师隐性经验，促进教师隐性经验的显性化。但如果你开发一本高质量的码书，单纯依靠萃取自身的隐性经验是远远不够的。必须跳出自己的固定思维和认知小圈子，提高自己的思想站位，进行更深入的理论学习和更广泛的实践经验借鉴，让码书制造站在巨人的肩膀之上。

## ■ 一、从文献中向他人学习

一个人切身的经历是非常有限的，但是通过读书、看文献可以快速获取他人的智慧，较为全面地了解古今中外，在特定问题上，其他人持有的观点，以及已经实施的实践，因此，读书是最快速的个人成长路径。对于码书的开

视频：文献及其类别

发者，则必须依托文献，针对码书选题形成完整的认知。常用的文献[①]包括以下几种。

（一）图书

图书是指对某一领域的知识进行系统阐述或对已有研究成果、技术、经验等进行归纳、概括的出版物。主要包括教科书、学术专著、参考工具书（指对某个专业范围做广泛系统研究的手册、年鉴、百科全书、辞典、字典）等。当遇到没有把握的术语、定义、历史沿革、现实状况、统计数据以及事件等问题时，应及时查询工具书。

（二）期刊

期刊是指那些定期出版、汇集了多位著者文章的连续出版物。跟图书相比，期刊的出版周期短（通常是月刊、双月刊或季刊，也有半月刊、旬刊），发行数量大，内容新颖、丰富，能够很快刊登反映各种新技术、新理论的学术成果，因而有利于读者对前沿及热点问题进行把握。

（三）学位论文

学位论文是高等院校和科研院所的本科生、研究生为获得学位资格（博士、硕士或学士）而撰写的学术性较强的研究论文，是在参考大量文献、进行科学研究的基础上完成的。通常，学位论文具有较强的理论性和系统性，主题明确，阐述详细，具有独创性。

（四）政府出版物

政府出版物是指各国政府及其所属机构出版的，具有官方性质的文献。政府出版物大致可分为两类：一类是行政性文件，包括司法资料、条约、决议、规章制度以及调查统计资料等；另一类是科技性文献，包括研究报告、科普资料、技术报告、政策文件等。此外，还可以从政府部门的官方网站上方便地获得许多有用的数据和文件。

（五）标准文献

标准文献是指按规定程序制定，经公认权威机构批准的一整套在特定范围（领域）内强制执行或推荐执行的规格、规则、技术要求等的规范性文献，简称标准。根据适用范围，标准文献可以分为国际标准、国家标准、行业标准、地方标准和企业标准等。

（六）研究报告

研究报告是科研人员在研究工作或研究成果方面编辑出版的报告或内部报告。研究报告通常只有一个主题，内容多是以研究记录、成果总结为主，其数据、资料真实性强、可靠性高。由于研究报告不一定正式出版、发行，所以在报道新成果的速度上往往快于期刊及其他文献。

（七）报纸

报纸是一种具有时事性、大众性的出版物。其发行面广，传递迅速，是了解各方面新

---

[①]　武丽志，李立君，欧阳慧玲 . 从优秀到卓越：教师研究力的 12 项修炼 [M]. 北京：中国人民大学出版社，2000.

动向，掌握各种新信息的最迅速、最灵活的信息来源之一。

当前身处互联网的时代，以上文献多数也都有电子版（或称网络版）。在众多中文电子期刊数据库中，用途最广、知名度最高的就是"中国知网"。此外，还有维普数据库、万方数据库、中国人民大学复印报刊资料全文数据库、国家哲学社会科学学术期刊数据库，以及"百度学术"（见图4-2）等。

图4-2 "百度学术"首页

阅读文献并不是指抄袭他人的作品。编书不能以复制和粘贴进行拼凑。如果要使用他人的成果，一定要按照图书出版的著录规范进行标注，这是对他人劳动的最基本尊重。具体著录规范可询问出版社或参照学术论文的基本规范，在此不再赘述。

## 二、从实践中向他人学习

如同小说的创作要"杂取种种人，合成一个人"，码书的制造过程也必须广泛整合他人的实践经验。此处的他人，可以是同一教研室或学校的教师，或同一县区的教师，甚至更广泛地域的同行。整合的方法可以有"头脑风暴""集体创作"等。

（一）头脑风暴

头脑风暴是指在融洽和不受任何限制的气氛中，以会议形式进行讨论。作为码书开发的组织者，要负责抛出选题，并引导大家始终围绕码书选题进行发言，分享自己的观点、实践经验、案例等。整个过程，应积极肯定每一位发言者，而不对发言质量或观点对错进行评价，避免造成思想约束，降低头脑风暴的效果。

（二）集体创作

集体创作是指将码书的开发任务分解为若干部分，每个部分交由最擅长的人完成初稿，

码书示范
视频样例

然后大家分别提意见，共同补充、完善，融入每个人的理解和案例等，最终变成大家共同的创作成果。

对于码书的开发者，特别是第一著作权人，一定要善于发现他人长处，耐心聆听他人建议，积极将他人经验整合进自己编写的码书的知识体系里，而非被他人索引或迷失在浩瀚的信息海洋里。这是教师专业发展中的重要能力，也是码书开发中，组织者的关键素质。以林友深老师创作《片段教学实战手册（小学语文）》为例。林老师（见图4-3）从事小学语文教学工作27年，积累了丰富的语文教学经验，收集整理了大量的第一手资料。在他的码书开发过程中，除了录制自己的讲解内容外，他还组建了一个团队，录制了很多节"片段教学实录"。这些"教学实录"大多结合平时的教研活动进行，有的是研讨课前的"练兵"，有的是研讨课后的"复盘"。此外，他还把年轻教师参加片段教学备考的经历、心得体会都择要记录下来，进行整理加工。资源中既有理论讲解，又有实战经验、教学实录和技巧分享，整个码书就显得非常全面、直观，并更有说服力。

图 4-3　福建省厦门外国语学校附属小学林友深

## 第三节　设计其实并不难

前两节介绍了码书制造过程中如何把想法内容体系化，以及对他人经验的整合。内容体系构建起来之后，码书的整体框架就构建起来了，目录也就形成了。接下来要做的就是按照框架撰写内容，建设配套的立体化资源。一般情况下，这两项可以齐头并进，也可以先写文字，后做资源。

具体到每一章节的内容编写，每一本码书都可以有自己的体例和栏目，这都需要进行设计，而且大有学问。以下列出几种常见的体例，供码书开发者参考、使用。

## ■ 一、传统式的设计

最传统的内容组织设计按照"章—节—标题"的层次进行内容撰写。大多数教材都是这样的结构。正文中的具体标题一般包括四级，如下所示。

一、……
    （一）……
        1.……
          （1）……
二、……
    （一）……
        1.……
          （1）……
……

"章—节—标题"的结构，也可以稍微做一些变化，如采用"单元—专题—标题"或"专题—节—标题"的层次命名。标题层次需做到全书统一。尽管这是最普通的编写体例，但在码书开发中，这种标题层次的设计并不值得鼓励，码书开发者应该努力设计更具特色的编写体例。

## ■ 二、任务式的设计

任务式的设计也可以称作项目式的设计，就是按照任务（或项目）的阐述需要来设计栏目，进而架构内容。这种体例比较适合技能类码书的开发。以码书《体育创意游戏100个——让孩子们玩到嗨》为例，该书介绍的每一个游戏的内容不过两三百字，且每个游戏都包含相同的四个部分，分别是"你可以收获""可以这样玩""请你遵守""适用年级"。其中第一个游戏"老师说"的内容如下。

你可以收获：
培养学生善于观察的能力。
可以这样玩：
游戏中先选一名同学当侦察员，将其眼睛蒙上或到室外等候，由游戏组织者指定一名同学当领头人，大家模仿领头人做动作，在领头人不断变化的动作中，由侦察员开始猜领头人，可猜三次，如猜中，领头人则表演一个节目，三次未猜中则由侦察员来表演节目。
请你遵守：
（1）不得暗示或指点侦察员。

（2）领头人可做刷牙、洗手、吹喇叭等动作，不断变换，全班学生立即跟着变。

适用年级：

小学中低年级

再以《从优秀到卓越——教师研究力的 12 项修炼》为例，该书每一节（书中用"天"来呈现）的内容，除了导言外，都包含三块主题内容，分别是"你必须知道的""你可以这样做""有价值的分享"。三个栏目设计的意图如下所示。

（1）你必须知道的：告诉读者必须了解的内容，扫除认识上的障碍。

（2）你可以这样做：手把手地指导读者如何实践，把研究落到实处，确保学而能行。

（3）有价值的分享：给读者提供有用的信息，比如资源、方法、技巧等，让读者少走弯路。

## ■ 三、情境式的设计

顾名思义，情景式的设计就是将码书的内容以故事情境为单元进行组织。由于视频有利于情景再现，并能显著增强学习的体验感，因此这也是码书经常用到的一种编写体例，非常适合发挥融媒体的优势。

例如广东省佛山市容桂泰安小学陈燕校长组织开发的一本有关家庭教育的码书《小学生科学养育手册》就采用了情境式的设计，该书的栏目主要有"情景剧场""家长反思""养育秘籍""亲子时光"等。其中，各栏目的设计意图如下所示。

（1）情景剧场。阐述真实问题情境，并将故事拍摄成情景剧。该书针对每个问题情境，给出正反两种行为表现，即具有对比价值的"情景初现""情景再现"。

（2）家长反思。通过引导提问的方式，让家长反思问题出在哪里。日常遇到类似情境，自己是如何应对的，以及如何应对和解决情境中的问题更合理。

（3）养育秘籍。由教育专家现身说法，进行情境分析和问题剖析。

（4）亲子时光。布置需要家长和孩子共同完成的任务。

但书本的体例并不是越新奇越好，码书的编写体例一定要根据其选题与内容来设计，以求更契合、更具特色。

## 第四节　适合自己的表达

具体到码书的内容撰写，码书开发者要找到最适合自己码书主题的表达方式与风格。尽管并无标准答案，但是有一些基本原则是相通的。

## ■ 一、充分利用多媒体

区别于传统图书，码书的最大特点是通过二维码，实现纸介图书与网络数字化资源与服务的链接。其中，使用最多的数字化资源就是视频微课。因此，码书开发必须充分重视并系统思考图书的多媒体资源建设问题。这是码书开发工作的重要一环，也是码书内容表达的重要组成部分。

为了充分利用多媒体等数字化资源，在进行内容组织和编写时，可以思考以下问题。

（1）就整体而言，开发出的码书可以为读者提供一套怎样的数字化资源？例如有的码书可以通过视频呈现100个体育游戏的活动过程，有的码书可以通过视频提供不同汉字的硬笔书写技法实况，有的码书可以通过视频提供上百个成语典故的教师讲解，有的码书可以通过视频展示几十个趣味化学实验。这些都是关键资源，也是作者编写码书对人类知识宝库的核心贡献。

（2）就局部而言，具体到某一节或某一个知识点的内容，是否适宜使用短视频来呈现，或辅助说明？音视频等多媒体资源有利于形象化、立体化地表现生动具体的人（或事、物）。因此按需搭配多媒体资源，可以丰富码书内容，就显得非常必要了。例如，如果在码书中介绍一个城市，则剪辑一段解说视频就会生动许多。

作为码书的开发者，一定要把二维码的功效发挥到极致，充分利用这一链接工具，拓展码书资源，丰富码书内容。二维码不仅可以链接音频、视频，还可以链接网址、文件（或文件包）、在线测试、网络讨论组等。

## ■ 二、借助图（表）去描述

图文并茂能够增强码书的可读性。有时候图（表）比"二维码"链接的多媒体资源还出色，因为它直接印刷在书上，无须扫码即可被读者看到。另外，图与表的直观性、生动性能够有效弥补文字表达的不足，让作者想要表达的内容跃然纸上，从而使读者一目了然，因此被誉为"形象语言"。

（一）图

码书的插图包括函数曲线图、点图、等值线图、直条图、构成图、示意图、流程图、照片等。按照图书出版的规则，书中所有的图都应注明图序和图题，并居中标注在图片下方，如有多张图片，按章使用阿拉伯数字排序，如图1-1、图1-2、图1-3等。

（二）表

表格能够简单明了、层次清楚地表达内容，节省版面。一般常用的有无线表和卡线表。

卡线表是由横线、竖线组成表格的行线和栏线。与图注在下不同，表格的标注是在上方，需要注明表序和表题。如果有多张表格，则可以按章使用阿拉伯数字进行编号，如表1-1、表1-2、表1-3等。另外，如果表格中的某些内容需要注释进行必要说明，可在表下加入表注，如果不止一条，可以对每条表注编上序号。

　　开发码书过程中，无论是文字，还是图、表，以及二维码链接的音视频资源，码书作者都拥有知识产权。对于确需使用的他人成果，可以采用引用的方式来呈现，并做好参考文献标注。

关于图（表）的使用，读者可参考本书的做法。

目前，Word和WPS都具有强大的绘制图表功能，可以较好地满足码书图（表）绘制需求，具体功能可以根据实际进行探索学习，如图4-4所示的是Word中的SmartArt图形。

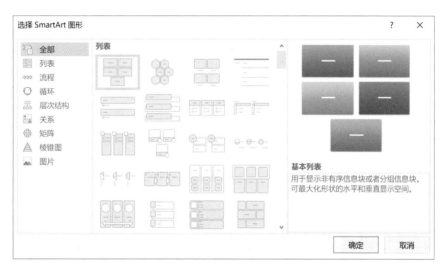

图4-4　Word中的SmartArt图形

## 三、清晰、准确的表达

清晰、准确的表达非常重要，其目的是让读者能够迅速跟上作者的思路，进而领悟码书想要表达的内涵。

### （一）清晰

清晰的表达会使阅读成为一种愉悦的体验。于外，如果码书的图文排布使用固定的"栏目"和各级"标题"，就能够让读者迅速了解内容结构及层次，从而获得清晰的感受。于内，码书要逻辑清晰。逻辑不仅存在于段落之间，也存在于句与句之间，词与词之间，字与字之间。缺乏逻辑性的语言无异于一团乱麻，不但增加了阅读难度，而且会使读者阅读时十分痛苦。

美国巴巴拉·明托撰写的《金字塔原理：思考、表达和解决问题的逻辑》①就介绍了一种能够清晰展现思路的有效方法。金字塔原理的基本结构是：结论先行，以上统下，归类分组，逻辑递进。先重要后次要，先总结后具体，先框架后细节，先结论后原因，先结果后过程，先论点后论据。

如图 4-5 所示，金字塔中的思想以三种方式互相关联——向上、向下和横向。位于一组思想的上一个层次的思想是对这一组思想的概括，这一组思想则是对其上一个层次思想的解释和支持。具体规则包括以下两点。

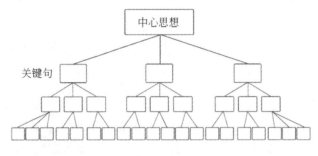

图 4-5　金字塔结构

（1）纵向：文章中任一个层次上的思想必须是下一个层次思想的概括。

（2）横向：每组中的思想必须属于同一逻辑范畴，且必须按逻辑顺序组织。

## （二）准确

准确即正确、精确，完全符合实际情况或事先的要求。对于码书开发，就是要求作者在遣词造句的时候，每一个字、词都用得对、用得恰当，经得起推敲，无可挑剔。这看似不难，但事实上需要长期的训练，甚至需要养成"较真"的习惯。例如，用"翻转课堂"还是"颠倒课堂"，是用"家校协同"还是"家校协作"，是用"孩子们"还是"学生们"，是用"融通"还是"融汇"？

另外，在写完初稿之后，千万不要急于向出版社交稿。编写者及其团队还须不断地进行修改、润色，直到全书没有错别字和错误标点，没有病句，没有歧义，没有逻辑问题和结构混乱的问题，且想不出更好的表达为止。唐代贾岛"推敲"的典故生动再现了诗人在创作过程中选词、用词的反复斟酌。编写码书也是如此，必须经过不断地修改才能臻于完善。客观地说，码书的创作是一个可以不断修改、完善的过程，没有标准答案。对于希望提高书面语言表达能力的教师，要对文字有一颗虔敬之心。文字修改不但是语言能力的训练过程，而且是思维能力的锻炼过程，甚至是思想水平的锤炼过程。

---

①　巴巴拉·明托. 金字塔原理：思考、表达和解决问题的逻辑 [M]. 汪洱，高愉. 译. 海口：南海出版社，2010：1-302.

# 第五节  去除空话炼干货

不同于厚重的理论专著，码书的文字更讲究简单明了、用词准确、表情达意。码书的字数根据作者的行文需要，无须太多，没有多余的字是码书编写和修改的终极目标。码书变身为轻薄的书册，读者便能快速掌握"干货"，再灵活地"落地"。相比传统的图书，码书的鲜明特征之一在于文字简练，深入浅出。"去空话""炼干货"也是写作的题中要义。

## ■ 一、为何"去空话"？

在码书的撰写过程中，由于想写的太多，内容有时会背离主题，又或者出于习惯，频频使用重复的话表达思绪，这些都导致了"空话"的出现。"去空话"就是精简文字，这样的案例自古有之。"一字千金"的历史故事流传至今，秦相吕不韦招揽三千门客著成《吕氏春秋》，张榜说增改一字赏赐千金。精益求精的态度也促成《吕氏春秋》集先秦儒家之大成。所谓"文章不写半句空"，说的就是这个道理。

> 在码书写作及修改过程中，要特别注意那些可有可无的字、词、句，甚至段落。对于主题表达可有可无的内容，即便再精彩也应当果断删除，不必舍不得。

"一字千金"表明写作要做到语言精妙，让人回味无穷。码书因为有"码"有"微课"，因此文字篇幅可以压缩，文字表达可以精简，深入浅出，仅留下"干货"，从而提高了图书编辑的工作效率，也提高了阅读者的学习效率和效果。

当前除了纸质书以外，读者也可以浏览电子书以及五花八门的公众号文章，信息的获取来源越来越广泛，信息量也越来越庞杂，因此也更倾向于碎片化的阅读。如果文章冗长且枯燥无味，读者也不会感兴趣。因此，既是顺应阅读潮流，也是迎合读者需求，"去空话"刻不容缓。

此外，教师在编写码书内容的时候，不要把简单的事情复杂化，不要研究复杂深奥的哲学命题，不要故意追求晦涩难懂，更不要东拼西凑写一些自己都难以理解的内容。码书开发的目的是为了传播和分享自己（或团队）的经验、观点和价值，因此可读性很重要。读起来很困难，令人费解的图书肯定不会受市场欢迎。

## ■ 二、如何"炼干货"？

"干货"是指实在的、有价值的内容。码书的写作，要把每个部分的文字进行精简，突出自己要表达的内容，如《精简写作》的作者罗伊·彼得·克拉克[①]所说"重要的信息往往简短，有力的写作务必凝练"。

### （一）输入推动输出

叶圣陶先生曾说"阅读是吸收，写作是倾吐，倾吐能否合于法度，显然与吸收有密切联系"。在阅读经典著作时，不单单是知识熏陶和心灵滋养，还需从中学习写作的思路与方法，积累素材。读的多了，积累足够多了，自然"下笔如有神"。

作为码书的开发者，还要多看已经出版的码书（这也是输入），做个有心人，向同行虚心学习。另外，有些设计新颖的新版图书、画报也很值得学习、参考。

### （二）突出自我创新

决定某一部分内容应占据多少篇幅的一个重要的判断标准是，看该部分与这本码书的主旨内容、创新贡献是否有紧密联系。如果是属于自己的独到见解，又是码书的核心要义，则应不惜笔墨和篇幅；反之，如果只是重复或综述其他人的观点，则没有必要长篇大论地重复。

### （三）掌握"删减大法"

具体到对码书文字及其他相关内容的删减，有以下方法可供参考。

（1）听取他人意见。很多时候，自己花心思写出来的文字不舍得删除，也是人之常情。将书稿交给其他人（特别是有写作和出版经验的老师）审阅，多听他人的意见，让他们帮助删减，不失为一个好办法。这时候码书作者需要做好虚心接受批评的准备，"提意见"比"表扬"更有价值，更有利于码书的完善。

（2）平衡码书各部分的篇幅。同一本书，章节之间、段落之间的篇幅差异不应过大。如果编写的码书中并列的几个部分，有的四五页，有的只有半页，则应考虑做好平衡工作。长的要删，短的要增。

（3）删掉没有实质意义的词。一些夸张的形容词或者无关主题的抒情内容应该删除，码书不是文学作品，不需要过于华丽的辞藻，平实的叙述往往更有感染力。适当的修辞作为点睛之笔是被允许的，但是不要过多。

（4）删掉意义重复的句子和字词。不要一味重复一个意思，除非是为了强调或者其他目的。另外，那些含义已被其他文字覆盖的词也应删掉。有的作者在表达一个意思时，以肯定的态度叙述一遍，然后再从反面描述一遍。这时需要根据具体情况确定是否删减。

（5）用词代替短语。能用词表达就不用句子，这是精简之道。例如中国的成语，几个字就可以表达深刻且准确的含义，而且能够活灵活现地再现一定的场景，对于作者的表达非常有帮助。

删减是一门学问，需要不断摸索。在删减时，如同作者对自己进行考问，要问自己：我的写作目的是什么？最终想给读者呈现什么内容？传递什么价值？

---

[①] 克拉克在美国佛罗里达州波因特学院教授写作，培养了一批普利策奖获奖作家。1977 年他被《圣彼得堡时报》聘请为美国最早的写作指导者之一，与"美国报纸编辑协会"合作一道提升全美报纸的写作水平，被誉为"全美写作指导老师"。

# 第 五 章
# 升 级 微 课

## 第一节　多年微课再认识

　　"微"是当今社会生活方方面面的一个重要特征，身处一个以短小精练为文化传播特征的"微时代"，以微信、微博、微课、微企、微店等为代表的"微文化"悄然诞生并在生活中不断蔓延。"微课"是教育领域提出来的概念，迄今已十年有余。

### ■ 一、微课的诞生

　　国内公认的两位较早组织开发"微课"的领军人物分别是内蒙古鄂尔多斯市东胜区教研中心的李玉平老师（见图5-1）和广东省佛山市教育局教育信息网络中心的胡铁生老师。（见图5-2）

图 5-1　李玉平老师　　　　　　　　　　　图 5-2　胡铁生老师

　　李玉平老师的"微课"源自其倡导的"三小研究"（分别是"小现象""小策略""小故事"）。2001年，鄂尔多斯市东胜区成为国家级课程改革实验区，实验区建设伴随着不少难题，如开放式课堂的纪律问题、课堂互动增多导致教学时间紧凑等问题。于是，李玉平老师便开始"关注小现象、开发小策略、积累小故事"的研究，并号召老师们把这些小现象、小策略、小故事做成小课件，后来随着技术的发展开始做成短视频（即微课），以便于成果的简单化处理和多样性传播。

胡铁生老师的"微课"源自 2010 年佛山教育局率先在国内组织开展的中小学教师优秀"微课"资源征集与评审活动。而微课最早见诸学术期刊是胡铁生老师发表在 2011 年《电化教育研究》上的《"微课"：区域教育信息资源发展的新趋势》[①] 一文。他认为微课是基于学科知识点而构建、生成的新型网络课程资源，他强调微课的基本构成与生长扩充性，并关注微课的应用环境[②]。目前，国内公开发表的"微课"相关论文已逾 15 000 篇。不同领域、不同区域组织的微课竞赛不胜枚举，教师们开发的微课数量更是数不胜数。

## ■ 二、微课的定义

视频：什么
是微课？

尽管微课已经流行很久，"微课"相关的比赛、活动、研究课题、论文等都不胜枚举，但其定义并没有达成共识。有人将它定义为"课程"，有人将它定义为"资源""视频"，有人将它定义为"教学活动全过程"，不一而足。但是无论何种定义，通常都有一些共同点，这反映了微课的基本特点，主要包括：时间短、制作精良、主题小、效果好、内容少、通过视频表现。

如果为微课下一个简短的"微定义"则指以阐释某一知识、技能点为目标，以学习或教学应用为目的所制作的短小精悍的视频。短小精悍原多指文章、发言简短有力，此处指视频简短但是制作精良，表达精准，教学使用效果好，如图 5-3 所示。

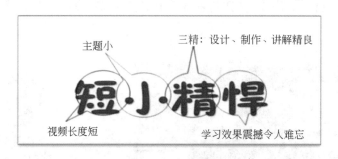

图 5-3　微课"短小精悍"的特点

微课符合认知负荷理论和注意力 10 分钟法则，如图 5-4 所示，也遵循了微时代的传播特性和人们的信息获取习惯，以其"短小精悍"的特性广受教师和学生青睐，已经成了教师教学、学生学习、教学研究的重要载体，并伴随着可汗学院、翻转课堂、大学慕课、混合学习等的发展进一步获得了内涵提升和外延拓展。

① 胡铁生．"微课"：区域教育信息资源发展的新趋势 [J]．电化教育研究，2011（10）61-65.
② 胡铁生，黄明燕，李民．我国微课发展的三个阶段及其启示 [J]．远程教育杂志，2013(4).

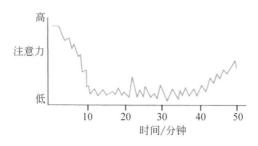

图 5-4　注意力 10 分钟法则

**注意力十分钟法则**

　　根据心理学家对人类注意力的研究得知，大部分人做事情，大约只有十分钟能保持在非常专注的精神状态下。即当从事某件自己认为十分需要专心的事情时，能将注意力完全放在这件事情上的时间只有十分钟，之后就容易被外物或外力所吸引，而无法全神贯注。

　　但是较强的学习动机和个人意志力，能够推动个人学习在持续一段时间之后进入"心流"模式，从而实现长时间的高注意力。

## ■ 三、微课的缺点

　　微课的出现迅速点燃了教师、学生的热情。制作微课一度在教师们当中成为潮流，其中有不少微课的制作高手，获得了奖项、荣誉。但是，微课在实际教学中的应用并不那么尽如人意。主要体现在以下方面。

　　（1）教学是一个复杂的过程，而微课将其简化为比较单一的单向传递。无论视频画面多么精彩，由于没有互动，教学效果就会削弱。

　　（2）义务教育阶段的学生，专注力和自制力有待提升，因此用于课前、课后的自主学习微课，其最终使用效果还依赖于学生的自学能力。

　　（3）以微课为核心的翻转课堂教学模式，很难完全改变学生的学习方式。中山大学王竹立教授曾撰文写道"微课是为在线学习而生的，在课堂上作为辅助教师教学的资源或手段也是可以的，但要指望它改变教学模式，恐怕不大可能"。

　　（4）微课过于零散和碎片化，容易给人一种简单易吸收的错觉。它常常忽略知识点之间的联系，使用者"看似学到很多，但收获并不一定大"。这类似于看短视频和朋友圈占用了很多时间，也了解了很多内容，但反思之后发现真正的收获并不大。

# 第二节　微课价值再发现

"微课"从诞生到发展，已经有十余年的时间。目前大家对待微课已经非常冷静，既不会盲目崇拜，也不会简单地弃之如敝屣。扬长补短，按需而动，不断挖掘并发挥微课自身价值成为新的常态。

重新审视微课，它有哪些价值呢？

## ■ 一、微课是一种有用的教学"组件"

"微课"内容上的显著特征是"短""小""精""悍"。"短"是指视频时长较短；"小"是指主题小；"精"是指设计、制作、讲解精良；"悍"是指学习效果震撼，令人难忘。一句话概括，即"一个小的微课，集中解决一个问题"。这就使得"微课"具有了"组件"的功能，如同零件，可以用到教学中不同的地方、不同的情境、不同的主体、不同的时间。而且可以多次、反复使用，甚至跨学科使用。只要微课做得精彩，其使用可以变化多样、多姿多彩，没有固定模式。

例如，一个有关物理实验的微课，既可以用于学生课前预习，也可以用于课中教师教学辅助，还可以用于课后巩固。传统课堂上，教师不能单独去指导每一个学生。但是通过微课，学生可以选择自己感兴趣的内容学习，这更加尊重了学生的主体性和差异性，也激发了他们的想象力和创造性。

## ■ 二、微课是一种标志性研究"成果"

对老师们来说，做课题很多时候是一件很头痛的事情，因为结题需要写论文。而写论文恰恰是很多人所不擅长的。如果可以将课题相关的研究和实践做成一个个"微课"，则这样的成果就既能够客观反映一线教育实践的发展现状，又浓缩了教育智慧和教师经验，可以称得上是可视化、标志性的成果。

把微课作为课题研究成果的载体，还有利于研究成果的传播，因此具有极强的推广价值。在已经组织出版的"名师讲堂码书码课系列"中，很多码书都有课题的支撑。课题研究是成果产生的基础，微课和码书又为课题研究提供了不凡的成果表达方式。对一个课题研究来说，只制作完成一个微课就过于单薄了，微课开发者往往需要设计、制作一系列微课，形成体系化微课，或者构建微课集。

## ■ 三、微课是一种有趣的研修"任务"

微课制作没有标准答案，甚至没有可以遵循的模板，这是一个复杂的、创造性的工作或任务，需要制作者根据自己的学科特点，自主选题、自主设计、自主开发。因此制作微课对教师专业素养、信息处理能力都提出了更高要求。除了教学内容，教师教态、教学语言、教学方法等通过微课视频，会进一步放大和传播，教师的一言一行都会对学生产生影响。

将开发微课作为教师培训的研修"任务"，如图 5-5 所示，有利于促进教师个体及群体的专业发展。微课短小精悍、轻松易懂、清晰直观，这需要教师持积极的态度，认真对待每一次录制，通过持续、反复的训练，提高课堂教学能力，提高业务水平和专业能力。在录制微课时，教师还需主动反思教学方法、教学理念、教学活动以及教学效果，分析教学的优点与缺点，从而不断改进、反复打磨，提高微课质量，提升教学效果。

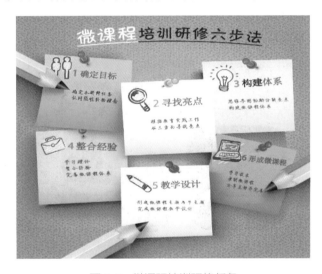

图 5-5　微课程培训研修任务

另外，微课并不只是录制一个视频，它还需要教师具有一定的信息技术应用能力。部分中小学教师对微课录制、视频加工等信息技术应用了解较少，甚至有畏难情绪。因此，大多数教师还要进行学习，包括微课的制作、视频的剪辑、音频的编辑、字幕的处理等。教师要多去研究、自我摸索，还要多操作、多实践，熟能生巧，提高信息技术应用能力。

## 第三节　手机快速做课程

微课在教育领域的快速发展，得益于另外一个工具的普及，这就是"智能手机"。智能手机作为个人化的智能终端，改变了人们的生产、生活方式。例如手机除了其原始功能

（打电话、发短信）以外，还可以阅读图文、音视频信息，并完成交友、打车、购物、理财、学习、创作、分享等功能。

智能手机几乎无所不能，并成了人们智能生活的中枢，甚至"总控"。过去依赖于专业设备的视频拍摄、编辑，现在使用一部手机就能完成，这让曾经难以触及的"微课""短视频"可以真正"进入平常百姓家"。

## ■ 一、利用手机应用制作微课

如前所述，部分中小学教师过去对微课制作望而却步，主要是因为设备和技术是障碍。现在手机的性能（主要是处理器运算速度、内存）越来越好，功能越来越强大。凡是有需求的功能，多数都有相应的应用（App）来满足。特别是一些手机 App 集录制、剪辑、上传于一体，如"小影"和"剪映"，如图 5-6 所示，方便至极让人叹为观止。

只要构思巧妙，操作恰当，使用一部手机，也可以做出令人震撼的效果，如图 5-7 所示的是李玉平老师在现场讲解如何使用手机录制微课。

图 5-6　"小影""剪映"图标　　　　　　　图 5-7　李玉平老师演示手机录制课程

## ■ 二、拍摄与录屏

概括而言，使用手机制作微课有两种方式，一种是拍摄，另一种是录屏。

（一）拍摄

智能手机都具有拍摄视频的功能。当制作微课时，应尽量选择像素高的手机，这样成品的质量会更高，图像也会更清晰。拍摄时要尽量选择光线充足，足够安静的环境。

拍摄类微课样例

使用手机拍摄微课有一种特殊的类型，就是拍摄桌面上的实物或纸上的文字，如图 5-8 所示的效果。这需要将手机支架固定在桌子上，调整支架头，使其能平行于桌面。然后将手机安装在支架上，使手机的后置摄像头对准桌面，并与桌面保持平行。另外，还可以使用比较专业的俯拍工具，如图 5-9 所示，以便解放双手，让拍出来的视频画面更稳定。

图 5-8　拍摄纸上文字

图 5-9　借助俯拍支架进行拍摄

### （二）录屏

有一些 App（或者手机操作系统预设工具）可以非常方便地录制手机屏幕上的操作，从而直接做出录屏类的手机微课。这些功能只限于录制屏幕操作类微课，如可以制作教老年人使用智能手机的系列微课程。此外，还有一些会议类 App（如腾讯会议）也具有"录制"功能，可以直接生成包含 PPT 和主讲者头像的录屏型视频。

录屏类微课
样例

## ■ 三、手机制作微课的注意事项

使用手机制作微课，有一些细节需要注意，以下对其进行列举，可避免老师们犯错。

（1）使用手机拍摄视频时，画面一定要保持稳定，这是基本的要求。通常来说，应使用手机三脚架，或者其他专门用于手机拍摄（或直播）的支架工具。

（2）拍摄时，根据周围光线情况，必要时需要进行补光。除了多打开一些灯之外，也可以借助专门的影视器材。使用光源时要注意影子问题，可先多试几个角度，再开始正式拍摄。

（3）拍摄时，要提前标记出拍摄画面的大致区域，这可以防止画面中的人物或核心内容移出镜头。另外，也不要无意中遮挡镜头，这会削弱视频效果。

（4）无论进行手机拍摄还是录屏，一定要把手机调成静音模式，或者切换到"飞行模式"，这样可以避免电话、短信或其他 App 消息的干扰，以避免打乱工作节奏。

（5）使用手机制作微课，可能会遇到手机发烫、反应变慢的情况。这是因为手机在处理视频时，处理器长时间处于高速运转的状态。遇到这种情况不要着急，可关闭暂时不用的 App，保存作品后，让手机休息。有些时候，重启手机也是很好的办法。如果换用性能好的手机可能会有所改善。

　　微课从短视频中来，到短视频中去。制作者可以通过看短视频，获取音视频制作的方法和技巧。当前各大短视频平台都有类似内容，供制作者检索。

# 第四节　微课的常见类型

教师准备制作微课之前，必须先清楚微课有哪些常见类型。除了上一节从技术角度分为"拍摄"类微课和"录屏"类微课之外，还有如下分类。

## ■ 一、按教学方法分类

教学方法是师生为了实现共同的教学目标，完成共同的教学任务，在教学过程中运用的方式与手段的总称。根据李秉德教授对我国中小学教学活动中常用教学方法的分类总结[1]，同时也为便于一线教师对"微课"分类的理解和实践开发的可操作性，胡铁生老师将"微课"划分为 11 类，分别为讲授类、问答类、启发类、讨论类、演示类、练习类、实验类、表演类、自主学习类、合作学习类、探究学习类[2]。

微课示例

从教学方法对微课进行分类表明微课要讲清楚一个问题，不是只有"讲授"一种方法，还可以采用问答、讨论、表演等很多形式。值得注意的是，一个"微课"一般只对应某一种"微课"类型，但也可以同时属于两种或两种以上的"微课"类型的组合。例如龚洁老师的美术手工微课就综合运用了演示法和合作学习法，陈耿炎老师的物理实验微课综合运用了实验法和启发法。

## ■ 二、按适用对象分类

根据微课的适用对象不同，可以将其分为"教师微课"和"学生微课"两大类，如

---

① 李秉德. 教学论 [M]. 北京: 人民教育出版社, 2001.
② 胡铁生. "微课": 区域教育信息资源发展的新趋势 [J]. 电化教育研究, 2011（10）:61-65.

表5-1所示。当前,在教育领域对微课的研究与实践中,应用于学生的微课多,而应用于教师,旨在促进教师专业发展的微课较少。

表 5-1 按适用对象分类

| 分 类 | 服务对象 | 内 容 | 使 用 情 景 |
|---|---|---|---|
| 教师微课 | 教师 | 小现象、小策略、小故事 | 经验萃取、学习培训、研究工具、成果载体 |
| 学生微课 | 学生 | 知识点、技能点 | 课前预习、课中学习、课后复习、方法掌握、习惯培养、情感体验 |

教师微课以促进教师专业化发展为目的,其内容可以涵盖专业思想、专业知识、专业能力、专业技能等方面。这类微课可以作为教师培训或自学的课程,是教师从新手到专家的成长过程中必不可少的学习资源。

需要注意的是,教师微课的制作者不一定是专家学者,一线经验丰富的教师或教研员围绕教学中的"小现象""小策略""小故事"来制作微课,更符合实际教学情况,更容易让浏览者产生"移情",形成"代入感",产生更好的学习效果。而且,引导和鼓励一线教师开发教师微课,成为"培训师",本身就能够有效促进制作者本人的专业发展。

### ■ 三、按用途效能分类

李玉平老师曾把微课在教育领域的应用大致分为两类,一类指向教育教学,另一类指向学校发展。不论哪一类,内容上都直指具体问题,引发大家的深入思考,帮助大家开阔视野。教育教学类微课是微课的主要部分,主要帮助教师发现真问题,推荐真策略,研究真故事。学校发展微课从校本教研质量提升、研究工具开发、学校品牌打造等方面,帮助学校发展。微课的内容从教师与学校最基本的需要开始,通过可视化处理,受到了普遍的欢迎。

微课示例

除此之外,还有人根据微课在课堂教学中应用的具体环节不同,将之分为课前复习类、新课导入类、知识理解类、练习巩固类、小结拓展类等。

## 第五节 碎片化与体系化

"碎片化"最早出现在 20 世纪 80 年代"后现代主义"的有关研究文献中,原意是指完整的东西破成诸多零块。伴随着移动学习的兴起,"碎片化学习"被提出并获得了广泛赞誉。尽管碎片化阅读、碎片化学习,以及各种各样的碎片化信息已经充斥着人们的生活,但"碎片化"真的好吗?这值得深入思考。

## ■ 一、微课的碎片化特征

尽管微课以"短小精悍"的特性广受教师和学生青睐，已经成为教师教学、学生学习、教学研究的重要载体，并伴随着可汗学院、翻转课堂、大学慕课、混合学习等的发展进一步获得了内涵提升和外延拓展。但对个体的知识结构来说，"事实"决定了知识广度，"联系"决定了知识深度。如果一个人获取的都是零散的一个个彼此没有联系的"事实"，则这些"事实"所表征的知识、技能也会七零八落，很难被提取，甚至可能导致认知混乱。有时抱着学习的心态看朋友圈的文章和各个平台的短视频，时间很快就过去了，但是如果思考自己究竟学到了什么，则可能会非常茫然，似乎什么也记不起来。这是因为用户一直在看碎片化的、缺乏联系的一个个"事实"信息，这些"事实"要么只是在短时记忆里稍作停留，要么暂时进入了长时记忆，但又不具备被有效提取的特征，从而可能一直沉默于大脑深处。

另外，微课为了"短小精悍"，常常淡化推演过程，淡化相互之间的联系（为了保持独立性、完整性），并将解决问题的"多路径"简化为"单一路径"。因此，这些微课更像是"压缩饼干"或"速食面"，缺少了事物本身的复杂性和生动性。

## ■ 二、从微课到体系化微课

在传统的微课制作过程中，由于大多数微课制作者对微课的本质认识还不够深刻，普遍存在重建设轻应用、重技术轻设计、重外在轻内涵，片面强调碎片化而忽略体系化等问题，从而客观造成了微课质量良莠不齐，盲目建设、重复建设现象严重，甚至出现了一些微课建设只为评奖，而在评奖后即被束之高阁的现象。

加之零散的微课有它自身的局限性，那么是否可以将微课体系化、系统化呢？即在保证"事实"的基础上建立"联系"，通过整体设计更好地发挥微课的作用呢？于是就有了体系化微课，或称专题系列微课。类似于电视连续剧，各个微课都是一集，内容简短又相对独立，各个微课围绕一定的主线和逻辑关系"串联"起来，就可以形成一个完整甚至宏大的主题。

按照胡铁生老师的界定，专题系列微课是指围绕某个有意义的教学主题或专题内容或学习主题而设计开发的多个内容相对独立、短小精悍、具有一定的层次和逻辑关系的系列化的专题微课集。这样的体系化微课既有单个微课碎片化的优势，又能够实现"知其然、更知其所以然"的结构化、系统化效果，有利于学习者对某个主题或单元建构出相对完整的知识与能力体系。

提 个 醒

微课制作者既要关注微课的设计与开发，也要关注微课的效用。可以通过调研，获取微课使用对象在应用过程中的真实感受，并以此为依据，不断进行优化。

## ■ 三、用码书封装微课

从微课到体系化微课，微课的效用获得了极大提升。但是新的问题又出现了，体系化的微课动辄有几十上百个视频，如何呈现微课内容以及它们之间的关系呢？这就需要一个恰当的"容器"或"工具"来对体系化微课进行封装。码书的作用就在于此，如图 5-10 所示的是"名师讲堂码书码课系列"部分样例。

图 5-10　"名师讲堂码书码课系列"部分样例

"码书"通过二维码将图书和体系化微课连接起来，将线上与线下连接起来，给体系化微课提供了一个方便呈现、方便介绍、方便携带、方便使用的线下载体，较好地整合了传统阅读习惯和现代扫码浏览习惯。作为传统微课的升级版和新载体，码书码课实现了信息的有效整合，因此具有极强的生命力。"微课"也借码书之东风，大幅提高了传播效率。

# 第 六 章
# 录 制 工 具

## 第一节　剪映：手机微课的利器

剪映是一款面向大众的短视频创作工具，集视频拍摄、剪辑为一体，具备一键成片、图文成片、AI作图、行业模板、自动字幕、自动配音等功能。剪映也是使用手机制作微课的利器，能够帮助制作者轻松完成微课视频的拍摄、剪辑，以及字幕添加、画面切换等功能。

### ■ 一、软件获取

剪映支持手机（安卓系统和iOS系统）、计算机（Windows系统和macOS系统）和网页版全平台应用，在手机的"应用商城（AppStore）"中输入"剪映"即可搜索并免费安装该App，如图6-1所示。另外，也可以从剪映官网获取正版软件和官方教程。

图 6-1　从手机应用商城中安装剪映

## ■ 二、主要功能

打开剪映之后，App 界面如图 6-2 所示。底部共有 5 个功能模板，分别是"剪辑""剪同款""创作课堂""消息""我的"。此处重点介绍"剪辑"功能。

图 6-2　打开剪映后的界面

（一）智能功能

"智能功能"包含一键成片、图文成片、拍摄、AI 作图、创作脚本、录屏、提词器、美颜等工具。其中，一键成片和图文成片功能非常强大、实用。一键成片功能指可以选择已有的多段拍摄视频，加入提示词，由软件自动剪辑成一个小短片，包括音乐、剪辑、转场，如果不满意还可以在此基础上进行修改。图文成片则是输入一段文字，软件根据输入的文字，自动配音、搭配画面，完成一个视频，如图 6-3 和图 6-4 所示。

图 6-3 "一键成片"功能

图 6-4 "图文成片"功能

（二）开始创作

"开始创作"主要用来对已经录制的视频进行后期处理，包括视频分割、添加字幕等，涵盖了常规的视频处理需求，且操作简单。

（1）视频主题。剪映自带许多视频主题特效，制作微课时可以根据需求选择特效主题，实现想要的效果，具体效果可以在如图 6-5 所示的界面中进行操作、尝试。

图 6-5　变换视频主题

（2）剪辑。剪映可实现精准的视频分割、排序、删除、复制等操作，如图 6-6 所示，这些功能让手机制作微视频也能像计算机一样专业。此外，剪映还可以变速剪辑，支持分段精细调整。

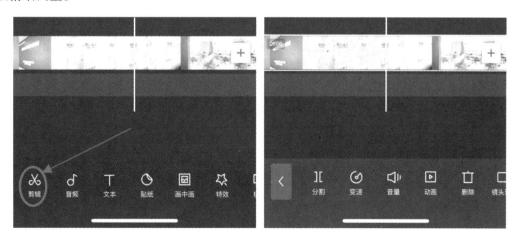

图 6-6　剪映的剪辑功能

（3）字幕。字幕能够提升微课的教学效果，有利于互联网传播。剪映不但可以添加字幕，还可以调整字幕字体、字号、颜色等。通过时间线，可以对字幕进行精细调整，设定字幕出现的时间、顺序、样式。另外，剪映还能对视频进行智能字幕识别。字幕的相关操作如图6-7所示。

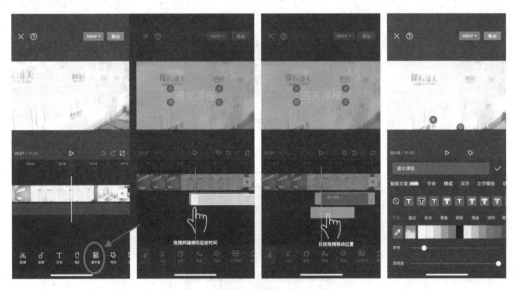

图6-7　添加字幕

（4）音频剪辑。剪映的音频剪辑有两类选择。一类是添加音乐或音效，另一类是根据需要自行录音，此外，还有版权校验、提取音乐、从抖音收藏中导入音乐等功能，如图6-8所示。

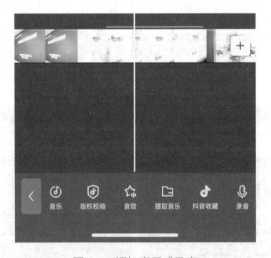

图6-8　添加音乐或录音

（5）创意功能。剪映也有许多创意功能，如添加贴纸、增加画中画、加入画面特效等，制作手机微课时可使用画中画功能，能添加多样风格的动画贴纸，也可使用创意滤镜，增加创意色彩，如图6-9和图6-10所示。

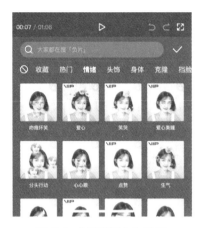

图 6-9 "创意镜头"功能

图 6-10 添加贴纸或滤镜

（三）热门模板

在"剪同款"里，可以选择需要的视频模板来快速制作微课。另外，也可以在"创作课堂"栏浏览官方和网友发布的视频剪辑教程。

## 三、制作步骤

剪映操作
演示

使用剪映快速制作微课，主要分以下三步。

（1）素材准备。打开剪映，点击"开始创作"，导入准备好的素材，拖动图片或视频片段并调整其顺序，如图 6-11 所示。

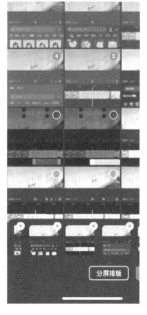

图 6-11 导入素材

（2）视频剪辑。利用前面介绍的功能，对导入的素材进行排序、编辑、加工，以及添加字幕、特效、主题等，直至制作出想要的效果。

（3）保存和导出视频。根据提示可以选择不同的画质。目前免费用户仅支持最高 4K 的视频输出，如图 6-12 所示。这样的分辨率已经可以满足互联网使用。实际使用中，用户可以尝试保存成不同的画质，感受不同画质的文件大小和清晰度的差别，然后按需使用。

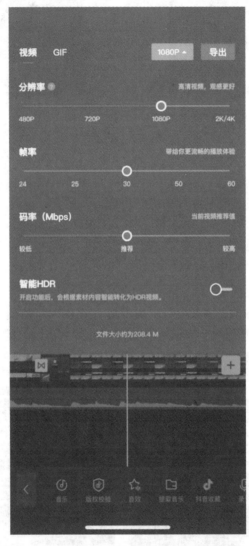

图 6-12　导出视频

　　不仅是剪映，目前市场上还有许多丰富的音视频剪辑软件，如快剪、小影等，在功能上它们大致统一，码书作者尽可以根据自己的喜好，选择一款合心意的软件进行操作。

## ■ 四、应用建议

为了更快熟悉使用剪映进行视频剪辑，制作出高质量的微课，下面将提供一些建议，具体如下。

（1）视频剪辑工作就像做导演，要以时间轴为主线，对视频、音频、字幕等素材进行"排兵布阵"，即要确定每一个素材的入场时间、入场方式、出场时间、出场方式等细节。

（2）如同 Word 编辑前要选定目标文字、图、表一样，剪映等 App 编辑的是视频素材，所以任何一个操作都需要先选定时间轴上的一段素材，然后对其进行加工。

（3）好的素材是视频剪辑的基础，所以无论是拍摄还是直接导入，一定要尽可能提高原始素材的质量。一段光线昏暗或者抖动严重的视频，无论进行怎样的特效处理，也无济于事。

（4）使用剪映制作的作品（包括半成品）可以保存在本地，也可以保存在云端，或者直接通过其他社交软件进行分享。"本地＋云端"的双备份更为保险。

（5）任何一款 App 都是在不断发展、完善的，快速迭代是当前软件发展的共同特征。所以并无固定不变的操作界面，必须学会尝试新的软件、新的功能和新的操作。

（6）无论是剪映，还是其他专业化的软件，付费用户通常可以获得更全面的功能和更好的技术支持。如果免费用户无法去掉水印或者视频长度等基本条件有限制，则需要考虑购买会员服务。

# 第二节　PowerPoint：最常使用的工具

PowerPoint 简称 PPT，也称演示文稿，是将内容通过视觉形式进行表达的最常用工具。它能通过文字、图片、表格、动画、声音、影片等元素，将想表达的内容清晰直观地呈现出来。PowerPoint 简单易学、制作方便、文件尺寸小，因此成为教师日常制作多媒体课件的首选，也是微课制作的常用工具。

## ■ 一、微课中的 PPT

一般情况下，安装 Windows 系统的计算机都会预装 PowerPoint 软件。教师经常会使用这个软件。对于制作微课，PPT 可做出如下贡献。

大屏幕前
授课示例

### （一）作为教师授课的"大屏幕"

如果要录制教师出镜的授课型微课，则教师背后的大屏幕呈现的是 PPT 的内容。从整个画面来看，这种类型的微课，PPT 占了画面的 2/3，甚至更多，如图 6-13 所示。

图 6-13　PPT 作为教师授课的"大屏幕"

教师授课
的微课示例

视频：跟我
学做微课程

### （二）作为教师授课的"背景"

如果使用视频会议系统或者虚拟背景进行微课制作，则可以把 PPT 作为整个微课的背景。这时，PPT 占了画面的全部，如图 6-14 所示。

### （三）作为动画类课件的"工具"

使用 PPT 的动画功能，可以直接制作出轻量级的动画型微课，如图 6-15 所示。

图 6-14　PPT 作为教师授课的"背景"

图 6-15　PPT 作为动画类课件的"工具"

## ■ 二、PPT 的设计技巧

尽管都使用过 PPT，但是要做出美观、大方的 PPT 作品，还需要一些技巧。以下内

容可用于帮助制作者迅速提升 PPT 制作水平。

（1）PPT 的文字不要过多。出现在 PPT 上的文字一定要有概括性，要精练。PPT 不是提示器，过多的文字既不美观，也不利于理解。而且字多就会导致字小，不容易看清楚。另外，作为授课者不能只是逐字逐句地读 PPT，要进行生动地讲解。

（2）字号字体等不要过多。通常情况下，一个 PPT 里使用的字号、字体、颜色等不要超过 3 种。过多的颜色和样式，会让 PPT 看起来杂乱无章、花里胡哨。一般可以使用华文中宋或黑体做标题，宋体加粗做正文。制作微课中使用的 PPT，字体尽量不要小于 28 磅。

（3）幻灯片大小宜选用"16:9"。全屏显示（16:9）的宽屏效果比传统比例（4:3）更适用于当前的大屏幕投影及各种终端，应采用"16:9"制作 PPT。

（4）图表比文字表达更生动。PPT 的内容设计应尽可能使用图表，让观看者一目了然，以获取重要信息，即"一图胜千言"。同样，表格中的文字不宜过多，要善于提炼关键词。图表与文字的布局要合理，并充分留白。

（5）慎重使用音频和动画。在制作 PPT 时，要慎重使用背景音乐和各种音效，不能让这些声音影响教师的授课效果。另外，要谨慎使用幻灯片的切换效果、动画效果和动画图片，不要分散学习者的注意力。

## 三、将 PPT 保存为视频

PPT 可以直接保存成视频文件，这意味着只要做好一个精美的 PPT，就可以通过"文件"→"保存并发送"→"创建视频"得到一个全保真的视频，如图 6-16 所示。在创建的视频里可以包含以下内容。

（1）所有录制的计时、旁白和激光笔势。

（2）幻灯片放映中未隐藏的所有幻灯片。

（3）动画、切换和媒体。

在创建视频时，可以选择视频的清晰度。越清晰的文件所占内存越大，转化时间也越长。为了保证微课视频源文件的质量，通常选择最高质量，即"计算机和 HD 显示"，分辨率是 1280px×720px。

PPT直接保存为微课的样例

另外一个重要的选项是"放映每张幻灯片的秒数"，表示多长时间切换一次幻灯片，具体时长应根据内容来定。

## 四、PPT 录屏

从 Office 2013 的版本开始，PowerPoint 就集成了"录制屏幕"功能。只要计算机上安

图 6-16　使用 PPT 创建视频的菜单项

装了 Office 2013 及以上版本，就相当于得到了一个免费的录屏软件。具体功能的位置在不同版本的软件中可能不同，一般在"插入"→"屏幕录制"里可以找到相应的功能模块，如图 6-17 所示。

图 6-17　PPT 里的"屏幕录制"功能

操作时，需要选择要录制的屏幕区域，并根据需要确定是否录制"音频"和"指针"，如图 6-18 所示。其中，录制和结束键分别用于"开始 / 暂停"和"结束"录制。使用 PPT 录屏生成的内容，可以直接保存到 PPT 里，也可以另存为本地文件。

图 6-18　屏幕录制的相关操作按钮

# 第三节　喀秋莎：录屏剪辑一体化

很多时候，教师会不满足于只在手机端进行视频剪辑。毕竟使用计算机会有更大的屏幕，以及鼠标、键盘等辅助工具，进行相对复杂的视频加工会更加得心应手。Camtasia Studio 就是一款可以满足教师在计算机上进行操作的软件，它有一个好听的中文名字——喀秋莎，这是一款非常专业又操作简单的，用于屏幕录像和视频编辑的软件，集录屏和剪辑于一体，因此备受欢迎。

## ■ 一、软件获取

通过喀秋莎官网，如图 6-19 所示，可以免费下载喀秋莎软件。

图 6-19　喀秋莎网站首页

安装好喀秋莎软件后，只需单击桌面上的喀秋莎图标，即可启动软件。启动界面如图 6-20 所示。

## ■ 二、录制屏幕

录制屏幕是喀秋莎的核心功能之一，也是使用喀秋莎制作微课的前端操作，如图 6-21 所示，在录制屏幕前，需要先新建一个项目。

喀秋莎录屏
操作示范

图 6-20　喀秋莎界面

图 6-21　新建项目

　　然后在图 6-21 所示的界面,单击左上角的"录制"红色按钮,即可在屏幕右下角弹出如图 6-22 所示的"录制屏幕"操作面板。

　　在图 6-22 所示的操作面板中,可以分别设置"录制区域""相机开启""麦克风""系统音频"等。

　　录制区域。录制区域主要包括"全屏""自定义区域""宽屏""社交媒体"等选项,一般选择"全屏"。

　　相机开启。如果在录制微课时需要教师出镜,则可以通过这个模块开启摄像头。

　　麦克风。用于打开或关闭麦克风。如果计算机连接了多个麦克风(如系统自带的麦克

图 6-22　录制屏幕

风和多功能耳机的麦克风 ), 则需要在这里进行选择。

系统音频。用于打开或关闭系统音频。

以上设置完成后, 打开需要录制的程序窗口 ( 如果要录制 PPT 微课, 则需要先播放 PPT ), 然后单击红色的 rec 按钮。这时, 屏幕上会出现如图 6-23 所示的 "倒计时" 提示。倒计时结束后, 喀秋莎就开始记录屏幕上的所有画面, 以及麦克风采集的声音。录制过程中, 制作者只需要边操作计算机, 边进行语音讲解即可。

图 6-23　喀秋莎启动录制

当完成需要录制的屏幕操作后, 按键盘上的 F10 键就可以停止录屏操作, 然后可以将录制好的视频保存到指定的文件夹中。

### ■ 三、视频剪辑

除了录制屏幕, 喀秋莎还有强大的视频剪辑功能, 下面将择要进行介绍。

#### （一）导入与排布媒体

在实际微课制作中, 除了前文介绍的 "录屏" 视频外, 还经常需要综合利用各种来源的媒体素材, 如手机拍摄的图片、视频, 计算机中保存的来自网络或素材库的图片、视频等。任何微课的制作, 第一步都是要将这些素材导入进来。在喀秋莎中, 这些素材被称作 "媒体"。

喀秋莎剪辑
操作示范

新建了项目后,单击软件左下角的"+"按钮,选择"导入媒体"选项,就会弹出对话框,如图 6-24 所示。有些视频素材在导入时会提示"无法载入文件",这是因为该文件采用了喀秋莎不支持的视频格式。此时,需要借助视频格式转换工具(如格式工厂)将视频素材转换为更为通用的 MP4、WMV 等格式。

(a)

(b)

图 6-24  导入媒体

媒体素材导入喀秋莎后,还需按照预期出现的先后顺序将它们拖曳到时间轴上,才可以进行编辑。这一步称为"排布"。

（二）剪切

教师在录制授课视频时,不可能保证所有画面(或声音)不发生任何错误(或口误)。

作为"短小精悍"的码书视频，微课制作中一定会用到对视频的剪切。以下将演示如何将错误的部分剪切掉。

首先，需要通过播放视频，找到需要剪辑的大致位置。通常情况下，把时间游标置于剪辑部分（区域）的左边缘或右边缘。然后拖动时间游标的"左右耳朵"，就可以选中一片亮蓝色的区域，如图 6-25 所示，接着单击剪刀形状的"剪切"按钮即可完成剪辑。

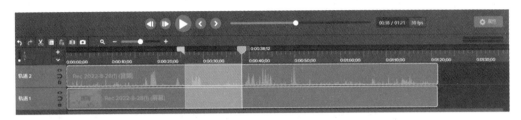

图 6-25　选择区域

有时候需要剪除的区域范围很小（时间很短），如很小的口误等。在这种情况下很难在时间轴上精确选择。此时，可以先将时间轴上方的"缩放滑竿"向右拖动或单击"+"按钮"放大时间轴"，再进行剪辑。

（三）光标效果

教师在日常课堂教学中经常会用教鞭来强调重点。在喀秋莎中，可以采用"光标效果"工具实现类似效果，以突出重点，吸引学生注意力。具体方法是：单击"视图"→"工具"→"光标效果"，然后选择合适的光标效果，并将其拖曳到视频所在的时间轴上，然后调整到需要的时间段。相关操作界面如图 6-26 所示。

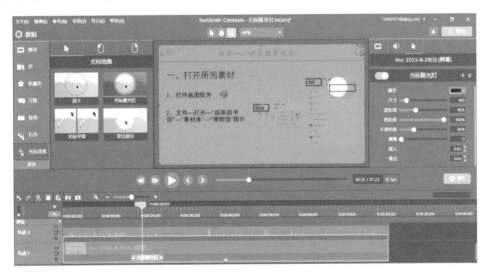

图 6-26　添加光标效果

（四）字幕

字幕是微课中不可或缺的要素。除了教师的语音讲解外，添加字幕能营造更好的学习情境。喀秋莎不但支持添加字幕，而且可以灵活设置字幕出现的"空间位置""时间位置"和"持续时长"，还可以通过属性设置，改变字幕的字体、样式、尺寸、透明度、对齐方式等。相关操作界面如图 6-27 所示。

图 6-27　字幕文本编辑与调整

## 第四节　皮影客：动画微课吸引人

皮影客是一款能快速制作动画的产品。它将动画制作的过程模块化，分为场景、分镜、人物、动作、对话等不同的模块。制作者只需要通过简单操作，将这些模块进行组合，就可以制作出非常出色的动画。皮影客让动画制作变得非常容易，这让教师创作属于自己的动画型微课成为可能。

### ■　一、在线访问

搜索并打开皮影客网站首页，如图 6-28 所示。

单击"开始制作动画"按钮进入工作页面，如图 6-29 所示，左边栏由上往下分别是"场景""人物形象""道具""镜头""对话框"；右边栏由上往下分别是"动作""字幕""配音"。右边栏下方的向上箭头代表远景，向下箭头代表近景。通过近大远小的透视原则，可以在场景中营造空间感，例如教室上课场景，近处教师应大一些，远处学生应小一些。

皮影客有"郊外""海边""教室"等多达 383 个免费场景，如图 6-30 所示，免费人物形象多达 495 个，如图 6-31 所示。

图 6-28　皮影客网站首页

图 6-29　皮影客工作页面

图 6-30　场景库

图 6-31 人物库

皮影客依靠自己的动画云技术和庞大的素材库将动画制作的过程模块化，制作者只要选择场景、加上人物、添加动作和道具，变换几个镜头，再搭配字幕，即可在几分钟内制作完成一部动画片。

## ■ 二、制作动画视频

使用皮影客制作动画视频是一个简单、有趣的过程，只要执行"选择""拖曳"即可。主要步骤如下。

（1）进入软件主页，注册账号。然后单击"开始制作动画"按钮，进入工作页面。如果条件具备，注册专业版会有更丰富的功能，如图 6-32 所示。

皮影客操作示范

图 6-32 注册账号

（2）设定需要的场景和形象人物。选择场景和形象人物，然后根据需要进行调整，如人物大小、朝向，场景远近等，界面如图6-33所示。

图6-33　设定动画场景和人物

（3）给形象添加动作，皮影客包含对话类、情绪类、走跑跳类、肢体生活类、坐姿动作类、肢体打斗类、动物类、移动类等丰富的动作，如图6-34所示。

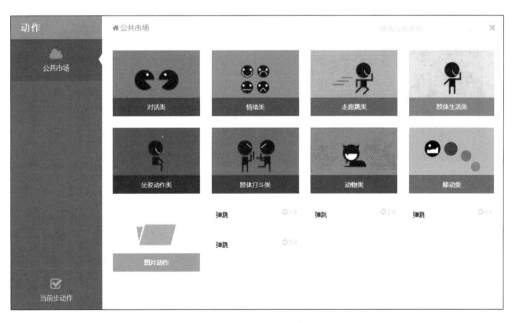

图6-34　添加动作

（4）添加完动作，根据每个动作设置好的时间来添加字幕与配音，如图6-35所示。完成后单击右下角的"保存"按钮，然后才能添加下一个动作，形成连贯动画。

图 6-35　添加字幕与配音

（5）根据个人需要适当添加道具、对话框、镜头等来丰富动画画面，如图 6-36 所示。

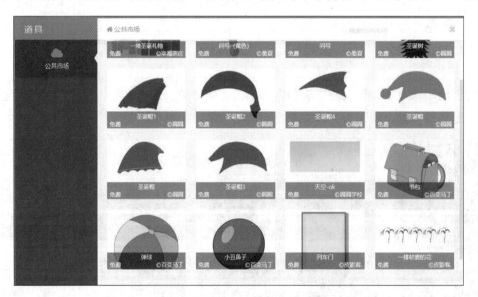

图 6-36　添加道具等

（6）上述工作全部完成后，单击左下角的"导出视频"按钮，获取提取码，下载视频导出工具。如果使用的是免费版本，则导出的视频会带有"皮影客"图标。

学会使用皮影客制作动画的新技能了吗？快去试一试吧。

## 第五节　Focusky：玩出不同的效果

Focusky 是一款易操作的幻灯片制作软件。因为与 PowerPoint 的功能、页面和制作流程不同，因此具有强大的视觉冲击力。

■ 一、软件获取

搜索并打开 Focusky 网站首页，即可免费下载 Focusky 软件，如图 6-37 所示。该软件内含视频教程，从入门到精通，基本能解决新手遇到的所有问题。

图 6-37　Focusky 官网首页

Focusky 有丰富的"图表"功能，可以直接添加各种图表，例如折线图、雷达图、玫瑰图；还可以选择 Flash 动画、PNG 动画和 GIF 动画，将之设置为"角色"，增添活泼感。另外，它还为用户提供了丰富的"内容布局"和"主题"，能够助力使用者一键完成风格设计。相关功能如图 6-38 所示。

■ 二、制作微课

像其他软件一样，使用 Focusky 也需要先"新建项目"，然后在项目内进行操作，如图 6-39 所示的项目页面中，左上方的虚线矩阵中一个蓝色的加号按钮，可用来添加"镜头帧"（类似于 PPT 的幻灯片）。右侧是一些快捷选项以及丰富的图形和符号等，使用起来相当方便。

Focusky
操作示范

制作微课时，可选择一个模板，然后单击左上角加号添加若干帧。在每一帧里，可以进行文字、图片、背景、动画等的编辑，如图 6-40 所示。在页面的任何位置双击，都可以添加文本框，进行文字编辑和美化。

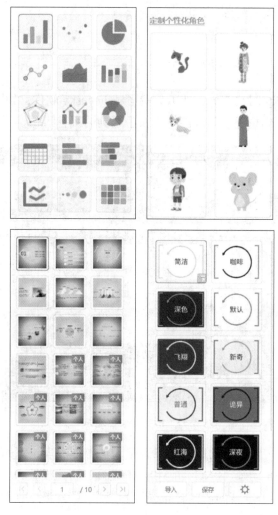

图 6-38 "图表""角色""内容布局""主题"功能

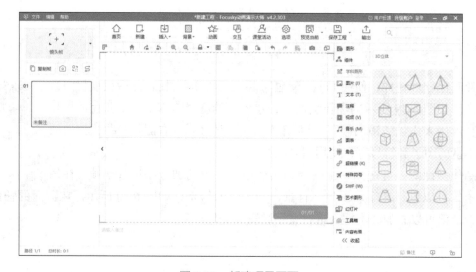

图 6-39 新建项目页面

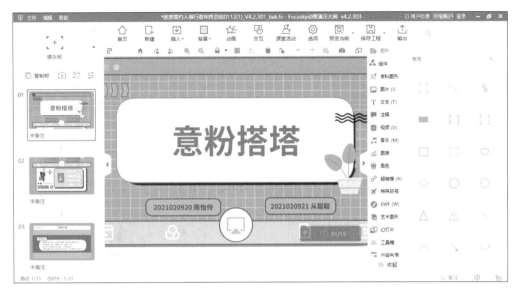

图 6-40　逐帧进行内容编辑

　　另外，还可以选择需要添加动画的对象，单击"动画"→"添加轨迹"选项，进行动画制作。Focusky 的动画效果非常多。PPT 是单线播放，而 Focusky 采用整体到局部的演示方式，以路线的呈现方式，模仿视频的转场特效。同时，Focusky 还加入了生动的 3D 镜头缩放、旋转和平移特效，能够像一部 3D 动画电影，给听众的视觉带来强烈的冲击力，用户在使用时可对该功能进行深入探索。此外，Focusky 还可以在视频的不同位置添加字幕和录音。

　　作品全部做完后，单击页面上方的"输出"按钮，选择输出的文件格式，即可输出制作的视频文件。通常选择 MP4 格式。

　　本章与各种软件相关的内容仅限于介绍，目的是消除读者对这些软件的陌生感，并引领大家入门。若要熟练掌握，还需要通过网络搜索相应教程，或者购买相关书籍进行深入学习。另外，每个软件都会自带详细的帮助文件，有的还自带教程，这些都是很好的学习资料。

　　除了以上的视频录制软件之外，还有万彩动画大师、VideoScribe 等软件可以实现视频的录制和编辑。总之，视频软件多种多样，都有各自的优缺点，使用时可以多加尝试，寻找适合自己的软件。

# 第 七 章
# 微 课 设 计

## 第一节　常用微课结构

　　翻阅码书不难看出，码书因"微课"而精彩。以微视频形成呈现的微课，因为满足了人们快速化、碎片化的学习诉求，所以受到广泛欢迎。但化繁为简并不容易，微课也需要进行精心的设计。而设计微课，最重要的一个问题就是"结构"。

### ■ 一、认识结构

　　结构是指呈现信息、解决问题的分析框架[①]。结构清晰的微课，内容有条理，而且富有说服力，信息传递的效率和效果能得到大幅提升。反之，如果没有清晰的结构，任由信息胡乱堆砌，观点则会含糊、混乱。

　　微课作为一种课程资源，是教师根据特定的教学目标，选择合适的教学内容，并对此进行精心的教学设计，因此一般都具有良好的内在结构。但是，不同的微课其内在的结构是有差异的，这与特定微课的应用类型、组织形式和不同教学阶段有关。

　　苏小兵等学者对微课的结构化程度及其相关因素进行了分析[②]，如图 7-1 所示。图 7-1 表明微课的结构化程度越高，则越适应个别化学习。从时间安排来看，用于课前预习和课后复习巩固的微课，结构化程度会更高；而应用于课中学习的微课，由于在教师的及时指导下，结构化程度可以降低。

### ■ 二、结构分类

　　实际开发的过程中，很多教师会遇到各种各样的问题。短短几分钟到十几分钟的微课，

---

[①]　邱昭良. 玩转微课 [M]. 南京: 江苏人民出版社, 2016.
[②]　苏小兵，管珏琪，钱冬明，等. 微课概念辨析及其教学应用研究 [J]. 中国电化教育, 2014(07):94-99.

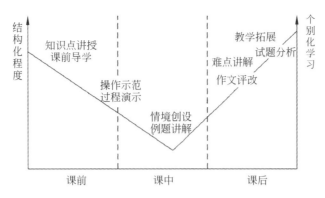

图 7-1 微课的结构化程度及其相关因素示意

创作者绞尽脑汁也不一定精彩，很多时候难以吸引观看者的注意力。优质微课有哪些结构呢？下面将择要进行介绍

### （一）知识型微课

知识型微课用于阐释或者传递某一知识点，例如教师制作的学科教学类微课就属于知识型微课。这样的微课或短视频设计思路一般是：课前导入→新知呈现→应用提升→总结强化。通过这样的设计，可以让学习者联系旧知识，建构起自己对新信息的理解，发生知识迁移，如图 7-2 所示。

知识型微课示例

图 7-2 知识型微课的设计思路

### （二）任务型微课

顾名思义，通过任务型微课，可以学习完成某一项实践任务或者操作。在现实生活中，当被要求完成一项任务时，应如何一步步完成呢？任务型微课的核心要义是示范标准的操作流程，用于讲解流程的 IPARK 结构可完美匹配，如图 7-3 所示。

任务型微课示例

（1）I（introduction）简介：简要说明任务是什么？要达到什么目的。

（2）P（preparation）准备：列准备清单，包括场地、工具、材料、设备、环境等。

（3）A（activities）步骤：示范正确的操作步骤，明确每个步骤的要点和需要注意的地方。这一步是任务型微课的核心，必须细致，不能产生逻辑跳跃。

图 7-3 IPARK 结构

（4）R（results）结果：任务要达到什么结果，以及可以测量的验收标准是什么。

（5）K（key considerations）注意事项：需要注意什么问题，有哪些细节需要规避，遇到异常应怎么处理。

### （三）问题型微课

问题型微课以问题为核心，开门见山提出问题，分析问题，给出解决方案，它的结构十分简单，即采用PAM结构：提出问题、分析问题、解决问题，如图7-4所示。

问题型微课
示例

图 7-4　PAM 结构

### （四）案例型微课

案例型微课具有较强的情境性和故事性。正面案例能够启迪智慧、分享经验，反面案例可以使学习者从中吸取教训，达到警示作用。如果一开始直接讲述案例故事，则会略显突兀，所以在此前会加上一个类似导入环节的情境介绍，如图 7-5 所示。

案例型微课
示例

图 7-5　案例型结构

## ■ 三、构建框架

除了上述结构之外，常用的微课结构还有变化型、技巧型和工具型等。

### （一）开场——激发动机

一开场要开门见山，展示微课主题。同时要激发学习者的学习兴趣，可以通过抛出痛点、提出问题的方式，迅速点明主题，抓住读者眼球。吸引读者注意力的方式有很多，如故事、数据、提问、案例等。

### （二）中间——传递信息

根据课程的框架依次展示内容，注意讲授的方式方法。一是要采用通俗易懂的方式讲授，提升读者学习信心；二是要注意逻辑关系，混乱的讲述内容只会让人失去阅读兴趣。常用的逻辑结构有 WWH（why、what、how）、总分总、时间顺序等。

### （三）结尾——回归目标

内容讲授完后，需要回顾整个微课的重点、难点。另外，也可以增加一些问题，让学习者对学习效果进行自我测试，如效果不佳则可以重新观看视频。回顾和练习有利于微课内容的学习巩固，但更深一步的巩固就需要在实际生活中运用，做到学以致用。

在微课的开发中，一些关键的知识点、技能点，或者需要学习者特别注意的地方，如必须避免的误区等，都可以通过反复重复的方式来加强效果。

　　不要担心重复，适度的重复，能够进一步凸显重点。

　　优秀的微课结构不是一成不变的，需要在实践中不断探索，灵活运用各种理论与方法，从而开发出更多、更好的微课。特别是对于码书中的微课或短视频，有些时候可以更加简单灵活，例如开门见山呈现标题后，可直接开启一段操作（如剪纸的方法）或者讲述（授课）。

# 第二节　大纲设计方法

　　进行微课设计就避免不了要撰写课程大纲（又称为脚本）。这看似专业，但并不神秘，如同电影导演，在电影拍摄前就要确定好剧本。剧本需要详细规定电影要出现的人物、场景、周边物品，以及先后次序。制作微课也需如此。

## ■ 一、大纲编写结构

　　微课是短视频在教育领域的特殊应用。好的微课一定是从引起观看者的关注开始，然后再娓娓道来。

### （一）标题——引起关注

　　许多人认为，标题清楚易懂即可，无须刻意修饰，这样很可能无法真正利用标题的价值。标题给读者的是第一印象，应尽可能起到画龙点睛的作用。认真起好标题，让读者看到标题就有学习、探索的欲望，内容才不会被忽略。标题如何吸人眼球？下面几种方法可供参考。

　　第一种是数字化的标题，如"初生婴儿护理必须注意的六个细节""教学设计的三大原则"等。

　　第二种是动作化的标题，如"蛙泳跟我学""在家做水煮鱼"等。

　　第三种是问句式的标题，如"如何进行微课设计？""物理实验准备知多少"等。

　　通过这几类方法写标题，更容易吸引读者的注意。

### （二）导入——引起兴趣

　　设问是常用的导入方法。微课中的设问恰似一条无形的牵引线，把一颗颗分散的，犹如细小珍珠的知识点串联起来。例如初中物理微课比热容的设问"'早穿皮袄午穿纱，围着火炉吃西瓜'，我们都知道，这里形容的是新疆。那为什么不是广州呢？"由此引出要学习的知识点。设问提出的问题要设计合理，做到整个微课都以该问题为主线，层层递进。

一个好的导入，无须太长，一定要富有情境性，甚至故事性，这样才能具有较强的代入感，迅速抓住学习者的注意力。

### （三）讲解——通俗易懂

微课只是形式上"微"，内容上并不"微"，其内容要求"精"，整体效果则追求"妙"。知识点讲解由于时间限制，需要进行精心设计、精准控制，教与学的精华必须充分展示出来。微课在讲解或铺陈时，要将设计思想完美展示，传达清晰的知识点，在有限的时空内做到结构完整、语言准确，让学生看了能因精巧的设计，深入浅出、形象生动的讲解而印象深刻，达到掌握特定知识点的目的。

### （四）总结——加深巩固

总结环节设计好了，能够帮助学生有效巩固所学知识，并进行一定的启发式延伸。总结时可用编口诀等方法。

## ■ 二、大纲编写方法

### （一）按顺序

按照顺序编写要遵循一定的流程。如果有讲解码书的课程，则顺序应该是先讲解码书是什么，再讲解码书的设计，然后讲码书的开发，最后讲码书的应用。应该有先后顺序，不能一开始还不知道码书是什么的时候，就讲解怎么进行开发制作。

微课示例

对于微课，最好的顺序是时间顺序。而场景的转换、人物的出现、内容的展开在遵循时间顺序的同时，也必须遵循逻辑规律，如图 7-6 所示。

图 7-6　微课流程：时间轴

（二）列清单

日常生活中，有些人习惯用列清单的方式进行工作或生活，十分有条理。在微课设计时，若想做关于"小组游戏"的课程，则可以用这种方法，如课程的名字叫作"热身游戏的五种玩法"，则清单可以包括：游戏名称、基本规则、适合人群、场地要求、辅助设施、注意事项等。

## ■ 三、实际操作

看过以上理论介绍，读者可能还有疑惑：大纲怎么编写？编写是不是很复杂？方法如何使用？为解决这些困惑，教师可将理论用于实际，在实践中练就本领。图 7-7 所示为一个案例，可供参考。

微课大纲
表格下载

| 慕课专题 | 巧记易错易混字 | | | |
|---|---|---|---|---|
| 微课题目 | 故事法巧记"染"和"攀" | | | |
| 主讲人 | 史×× | 单位 兴庆区第二十二小学 | | 手机 1389××××19 |
| 团队 | 兴庆区拓海梅名师工作室团队 | | 组别 | 第 159 组 |
| 教学目标 | 1. 准确写出"染""攀"<br>2. 尝试用故事法自己识记易错汉字"掰""拿" | | | |
| 类别 | 内容设计 | 制作设计 | | 媒体 |
| 问题导入 | 展示学生作业中的错误，提出质疑：如何能够准确记忆这些生字呢？ | 图片展示学生作业中的错误用PPT呈现问题 | | PPT图片 |
| 分析讲解 | 示范故事法识记"染"<br>示范书写"染"字 | 利用手机拍摄视频，录制故事法记忆"染"字 | | 视频 |
| | 示范故事法识记"攀"<br>示范书写"攀"字 | 利用手机拍摄视频，录制故事法记忆"攀"字 | | 视频 |
| | 问题：我们刚才是怎么记住这个字的？ | 标注：找部件、编故事、串起来 | | CS |
| 小结拓展 | 小结：这类易错的生字，我们先观察字形，分解部件，再编个小故事把部件组合起来，进行记忆 | 用PPT进行回顾总结 | | PPT |
| | 拓展：你能用故事法识记"掰"和"拿"吗？<br>拓展练习：<br>1.你还知道哪些字可以用故事法来记忆？<br>2.你还有什么好方法来记住其他难写的生字？<br>关键词：编字谜、顺口溜、儿歌、追根溯源、形近字对比 | 用PPT进行关键词展示，启发学生巧记汉字 | | PPT |
| 备注 | | | | |

图 7-7 慕课主题下的微课设计模板

# 第三节　六个关键技术

微课设计是一个技术工作，一个好的微课除了呈现核心内容之外，还必须吸引学习者，并让学习者建立与已有知识的联系。这里择要介绍六个关键技术，也是微课设计的小窍门。掌握这些设计技术，能够迅速提升制作微课的品质。

## ■ 一、技术 1：问题导入

每个人都有好奇心，在设计微课时，如果在一开始提出一个富有挑战性，或者十分有趣的问题，则能够立即激发观看者的求知欲，进而饶有兴趣地一直看下去。一句"你知道……吗？"或者"为什么……"能够迅速开启一段学习。问题导入，在视频中至少可以采用下面两种方式呈现。

微课示例
（问题导入）

（1）醒目文字搭配旁白。把微课要解决的问题以类似大标题的方式呈现在视频画面上，同时配上旁白，可以让问题直接被学习者接收。如果再加上一定的动画效果和音效，则效果会更好。这种方式给人的印象深刻，而且制作并不复杂，直接使用字幕和动画即可完成，因此使用最广泛。

（2）教师出镜直接提问。教师作为施教者，在微课开篇就站出来，用提问的语言作为开场白。这种方式的亲和力强，容易引发师生互动，因此也可作为问题导入的方式。而且教师直接提问，会增强微课视频的对话感，吸引学生的注意。

另外，也可以综合上面两种方式，以"人物＋字幕＋旁白"的方式，完成一个问题导入。

## ■ 二、技术 2：故事情境

无论是孩子，还是成年人，其实都喜欢听故事。因此开篇创设故事情境，用故事进行导入，能够大幅提高微课的吸引力。以下是针对创设故事情境所提供的建议。

微课示例
（故事情境）

（1）身边人、身边事。微课中的故事最好是教师或者学生的身边人、身边事，或者是发生在学习者同校、同地区、同龄人身上的事情。

（2）讲故事要有细节。细节能够增强故事情境的带入感，是讲故事成败的关键。例如故事中人物的相貌、动作、声音都可以通过突出细节来增强故事的生动性、真实性，进而增强感染力。

（3）不能喧宾夺主。当然故事不能太长、太复杂，也不能与后面的内容脱节。经常有教师讲了一个故事，虽然好玩，但是与微课主题关系不大，最后沦为了花费时间的课堂"闹剧"。这在时间宝贵的微课中是万万不可取的。

## 三、技术 3：关键词

顾名思义，"关键词"是从一段文字或文章中提炼出来的最重要、最核心的内容。微课中，呈现在画面上的文字一定要重点突出，不能长篇大论，更不能冗长拖拉、重复累赘，如图 7-8 所示的两页 PPT，哪个视觉传达和教学效果更好呢？答案是后者。

微课示例
（关键词）

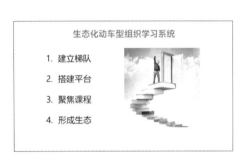

图 7-8　画面文字对比

因此在制作微课时，一定要善于总结，善于抓住关键词，找到要表达内容的核心点，然后清晰地呈现出来。这对于制作 PPT、书写板书、字幕都同样适用。

## 四、技术 4：图形化

将图 7-8 中要表达的内容进一步直观化，则可用图形、图表来表达，如图 7-9 所示。图和表一方面具有很强的生动性、形象性，另一方面具有简洁、重点突出的特点。因此，在设计微课的时候，要尽可能地将复杂的内容使用关系图、表格等方式来表达，这样的传播效果会更好。大脑分为左脑和右脑，右脑是直觉、音乐、图像、艺术之脑，左脑是逻辑、语言、分析之脑。美国加州工业大学的 E. 博根斯博士说：以前的教育只利用了左右脑中的一个半球（左脑），对另一半置之不理。实际上，大脑对于图形的记忆更容易、更持久，因此图形化表达是进行微课设计的必要技术。

微课示例
（图形化）

此外，在设计微课的时候，如果可以类似可汗学院一样，由教师进行"边讲边写边画"，则也会收获非常好的效果。因为"讲画同步"能够让学习者始终跟随教师的思路，临场感很强。如果教师有一定的简笔画功底，做出来的作品会更加精彩。

图 7-9　使用图表表达

### 可 汗 学 院

　　可汗学院（Khan Academy）是由孟加拉裔美国人萨尔曼·可汗创立的一家教育性非营利组织，主旨在于利用网络视频进行免费授课。其使命是为世界各地的所有人提供免费的一流教育资源。经过多年发展，可汗学院现有视频资源覆盖了数学、历史、金融、物理、化学、生物、天文学等科目。其中数学方面的内容涵盖了从幼儿园的基础知识到大学的微积分，并采用了最先进的可识别学习强度和学习障碍的自适应技术。

## 五、技术 5: 动作表征

　　动作表征是采用手势、动作等来帮助学习、记忆、理解的好办法。心理学家布鲁纳提出的动作表征、肖像表征、符号表征理论对教学实践很有指导意义。通过动作表征能够促进学生的形象思维，并培养学生的科学探究能力。

微课示例
（动作表征）

　　动作表征是一种具体的外在学习形式，容易让人印象深刻，在教学中有很多例子。例如，物理教学中，用右手握住螺线管，四指指向电流的方向，那么大拇指所指的就是通电螺线管的北极，即通电螺线管中心轴线上磁场的方向，如图 7-10 所示。这就是动作表征。

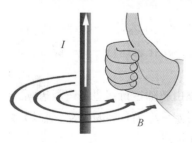

图 7-10　动作表征教学法

　　在微课的教学设计中，可以将核心知识点、技能点以动作表征的方式进行总结，从而达到方便学习者记忆、理解、应用的目的。

## 六、技术 6：口语表达

微课的语言非常重要。微课设计要进行学习者分析，然后"见什么人，说什么话"。使用学习者听得懂、喜欢听的方式进行教学，能够达到事半功倍的效果。总体来说，要避免直接使用书面语进行"刻板"讲授，要以融会贯通、深入浅出、通俗易懂的方式将主题表达出来。

微课示例
（口语表达）

另外，教师还要慎用专业术语和简称，有时候教师在微课中使用的一些自己熟悉的专业术语或简称，对屏幕前的某些学生可能很陌生，甚至无法理解。

此外，还有一个技巧特别适用于微课的结尾，即将微课的重点或难点"编口诀"，通过朗朗上口、生动有趣的表达，概括微课的主题或者重难点，以便于学习者记牢所学知识，如学习蛙泳的口诀：

> 划手腿不动，
> 收手再收腿，
> 先伸胳膊后蹬腿，
> 伸直并拢飘一会儿。

# 第四节　构图四大原则

要设计一个好的微课，除了内容之外，还必须对画面负责。要确定整体构图风格，避免杂乱无章或者画面跳跃，简单来说，至少需要遵循四大原则。

## 一、主体原则

一个微课只有几分钟的时间，内容也只关乎一个主题，因此在画面上只需要一个主体或一条主线。除了主角，微课也需要配角、背景等，但不需要设计过多的人物和过于复杂的场景。

主体原则指把最重要的主体（核心的人物、主要的教学工具等）放在画面最显眼的位置上，如黄金分割点。这样可以让主体突出，无须增加额外元素，就能够吸引学习者的注意。在微课的画面中，哪些位置最显眼或者是主体位呢？一般来说对称轴、水平线、中心点、三分点等位置都是视觉的主体位，如图 7-11 所示的 4 条线交汇的 4 个点就是三分法强调的四个主体位，这些点的位置恰好符合黄金分割原理。将要拍摄的主体放置在网格线的交点或线条上，这样拍出的画面主体会很突出、很鲜明。

图 7-11　三分法示意图

## ■ 二、简洁原则

确立了微课的主体（核心的人物、主要的教学工具等）后，接着需要做的一件事情就是尽量不要让无关的人、物、景进入要拍摄或录屏的画面，即消除一切可能引起学习者分心的干扰物件。画面的简洁包括以下两个方面。

（1）元素的简洁。"少即是多"的道理在构图方面也非常适用。极简的构图，不但可以达到充分突出主体的目的，而且会让整个画面干净利落，让微课设计者的意图跃然于画面之上。元素的简洁还体现在很多细节，如纯色而非花纹饰物的背景，大方得体而非颜色杂乱的穿着，抽象化的线条、几何体代替实际的距离、物品等。

（2）动作的简洁。有的教师因为掌握了一些动画的制作技术，所以在微课中迫不及待，甚至不遗余力地进行应用，于是微课中出现了转动的风车、飞来飞去的蝴蝶、跳来跳去的人物等。这些让观看者分心的"干扰"，一定要大胆地舍去。

## ■ 三、平稳原则

画面跳动的视频并不受欢迎，稳定是微课画面的另一个基本原则。对于拍摄类微课，拍摄视频需要摄像机或者手机保持水平且稳定，这样拍摄出来的画面才能让人看着舒服。当拍摄者使用手持设备进行拍摄时，特别需要注意把手机拿稳，不要左右、上下乱晃手机。乱晃会造成视频里的人或景物虚化，画面不清楚，人会看得眩晕。手持拍摄时尽量双臂夹紧，小幅呼吸。当长时间拍摄时，为了尽可能地保持手机平稳，建议使用手机支架。

稳定原则还体现在微课画面的色彩、风格、场景切换、声音大小、角色着装、动作手势等方面。如同拍电影，真正的高手善于使用固定镜头，无须过多"推""拉"技巧和后期的复杂剪辑，就可以完成高质量的视频作品。

另外，对于成品，人物的位置不能忽左忽右，衣着要始终如一，手势动作、姿态要保持连续，这是最基本的要求。如果在微课拍摄中，教师需要切换背景进行教授，则除了背景之外，教师的站位、着装、表情一般应与上一个场景保持连贯，不要产生类似"大变活人"的魔术效果。

## 四、出镜原则

尽管画面中没有教师，也可以制作出微课，但是教师不要刻意回避"出镜"。因为对于学生，教师的出镜本身就会带来亲切感和临场感。同样的道理，校园等熟悉的场景本身就是微课制作的天然环境，这些场景孩子们更熟悉、更喜欢。

教师出镜要注意穿着、眼神、站姿、表情等细节，一定要落落大方、自然端庄。另外微课中教师不一定全程出镜，把握好出镜的时机也很重要。

近几年，虚拟数字人的技术逐渐发展、成熟起来，已经出现了专门打造 AI 数字人的短视频创作平台，AI 虚拟主播、教师化身等，这也是微课制作的一种选择。有兴趣的教师，可以大胆尝试。

**虚拟数字人**

中国人工智能产业发展联盟总体组联合中关村数智人工智能产业联盟数字人工作委员会发布的《2020 年虚拟数字人发展白皮书》将虚拟数字人定义为具有数字化外形的虚拟人物。与具备实体的机器人不同，虚拟数字人依赖显示设备存在。虚拟数字人宜具备以下三方面特征：一是拥有人的外观，具有特定的相貌、性别和性格等人物特征；二是拥有人的行为，具有用语言、面部表情和肢体动作表达的能力；三是拥有人的思想，具有识别外界环境并能与人交流互动的能力。

可以通过计算机图形学技术创造出与人类教师形象接近的数字化形象，并赋予其特定的人物身份（如教授语文的琳达老师）。这样的虚拟数字人可以知识渊博，且伴随技术的成熟在视觉上拉近和人的心理距离，为学习者带来更加真实的教学互动和情感互动。

# 第五节 精美 PPT 设计

对于微课制作，PPT 无疑是一个使用方便的利器。PPT 制作简单、容易操作，却又功能强大。它能够充分整合多种媒体元素，展示教学内容，有着优质的图文视听和动画效果，能够为学习者带来多重感官刺激。

## ■ 一、内容设计

"内容为王"同样适用于微课和 PPT，在设计 PPT 时，内容永远是第一位的。形式要为内容服务。

### （一）内容设计要明确具体

由于微课"短小精悍"的特质，先天就对视频时长进行了限制，因此 PPT 的内容必须紧密围绕一个具体的问题或知识点展开，即 PPT 中要突出重点和核心内容，其他辅助性内容通过教师口述或旁白、动作来表达更好。另外，不要录制照本宣科读 PPT 的微课，这与优秀微课相距甚远。

### （二）内容设计要科学严谨

对于制作微课的教师，PPT 中的所有内容（包括文字、图片、旁白等）都必须科学无误，不能有思想性、科学性错误，更不能有意识形态方面的错误。无论是一句话，一个字，还是一个标点符号，都不能疏忽大意。在制作 PPT 时，尤其要注意这一点，不能忙于外在的呈现方式，而忽略了内容的正确。

### （三）内容设计要有启发性

内容具有启发性，有利于培养学生的思维能力，扩充学生的知识面，帮助学生更好地梳理所学知识。"学起于思，思源于疑"，疑能使学习者在心理上感到困惑，产生认知冲突，进而拨动思维之弦。要使学习者生"疑"，教师就要不失时机地巧妙"激疑""设疑"，激发学习者的学习欲、探索欲、求知欲。

## ■ 二、版面设计

版面设计是指在 PPT 的画面上合理安排文字和图片等元素的位置、大小，使其富有艺术性。一般情况下，一个课件最好使用一个模板，这样才能风格统一，从而避免视觉混乱。

### （一）首页与封面设计

PPT 的首页可以直接作为微课的封面，这样可以让主题和作者信息一目了然。PPT 的首页就是微课的"门面"，因此要有姣好的"五官"。

额头：如果是系列微课，可以在首页说明。

眼睛：简明扼要的微课标题。

鼻子：作者及单位。

嘴巴：学科学段、章节及教材。

耳朵：边饰，缺乏边饰则显得古板、单调。

封面的背景色调应尽量以素雅为主，与主题相符，且要能烘托文字，但不能太艳丽，视觉冲击太强烈反而适得其反。花里胡哨的背景，反而会显得内容苍白无力。

### （二）中间页

PPT 的中间页主要用于呈现微课教学的具体内容。其中的文字一定要简明扼要，突出要点。如前所述，在制作过程中，要坚持"关键词"原则，一定避免长篇大论的冗长文字。另外要采用合适的字体、字号，达到醒目易读的效果。

如果要制作的微课是 PPT 和教师授课视频的叠加，则还需要在做 PPT 时就预留出教师的位置（一般是在右侧），这样可以避免后期制作时，人物挡住 PPT 上的内容。

### （三）尾页设计

在尾页可以插入致谢语、微课题目、"欢迎观看"等字幕，作为收尾。

## 三、美学设计

美观的 PPT，能够给学习者带来赏心悦目的效果。在制作 PPT 时要特别注意以下三个方面。

### （一）文字设计

文字设计包括字体、字号、字形、颜色、行距等。制作 PPT 时，应采用合适的字体、字号，以达到清晰识读的目的。一般情况下，整个 PPT 中的文字颜色不要超过三种，字体也不要超过三种。另外，要设定合理的字号、字间距和行间距。确保文字在画面稳定、清晰地呈现。

### （二）色彩搭配

色彩搭配是对幻灯片的色彩基调、风格等做协调安排，其主要功能是衬托与突出主题信息，统一风格，增强课件艺术性。色彩搭配应注意①以下三方面。

（1）充分考虑色彩的象征意义与主题信息内容内在关联的协调，根据不同的主题内容，选择合适的色彩。例如爱国主义教育应该是红色基调，科技主题可以选择蓝色，植物主题可以选择绿色等。

（2）页面中大块配色一般不超过三种。

（3）文字与背景颜色要形成强烈的反差（包括颜色和明度反差），一般文字颜色以亮色为主，背景颜色以暗色为主；选用对比色搭配时，文字一般选用暖色调色彩，背景选用冷色调色彩，以保证文字突出和醒目。

（三）动画设计

动画设计主要遵循对比、顺序、重复和连贯的原则。对比可以通过改变图片、文字等元素的运动状态来达到动的效果，如切换、放大、缩小等。顺序指要有逻辑性和条理性，根据内容进行铺陈，符合观看者的心理预期。重复指 PPT 的动画风格要统一，不要让人产生眼花缭乱的感觉。连贯即不跳跃，没有顿挫感，这样的动画看起来才更舒服。

① 柯清超 . 现代教育技术应用 [M]. 北京：高等教育出版社，2016：36-38.

# 第 八 章
# 录 课 秘 籍

## 第一节　画面稳定

对于微课开发，保持画面稳定是最基本的要求之一。但对于拍摄类微课，这也不是一件容易的事情，考验的是拍摄者的操作基本功。下面介绍几种技巧，可以迅速提升拍摄画面的稳定性。

### ■ 一、使用三脚架

工欲善其事，必先利其器。要做到画面稳定，就要使用协助摄像的专业设备——三脚架，如图 8-1 所示。三脚架是专业摄像师、摄影师必不可少的设备之一。由于手持设备进行拍摄的稳定水平有限，因此只要具备条件，无论拍摄什么画面都可以使用三脚架，因为三脚架从硬件上保障了画面的稳定性。

在选择三脚架的时候，要重点考虑其稳固性和便携性，不要使用太轻的塑料三脚架，以避免在室外恶劣环境下不慎损伤摄像设备。

此外，用手机拍摄视频有两种方式：横屏和竖屏。录制手

图 8-1　三脚架

机微课程时，手机横屏拍摄，横屏可以承载更丰富的内容，平时看到的电影和电视一般都是 16:9 的宽屏设计，因为这种宽幅的视觉比例有利于利用景深镜头打造画面的空间感。随着抖音等短视频平台的流行，竖屏视频也在不断地发展并流行起来，教师在实际拍摄时也不妨做一些探索。

## ■ 二、注意拍摄姿势

如果遇到一些特殊情况，无法使用三脚架，则不得不使用手持设备进行拍摄。其中，拍摄姿势对拍摄作品的质量（特别是稳定性）影响非常大。只有姿势正确，才能最大程度对抗身体本身的不稳定，进而保持画面稳定性，如图 8-2 所示，如果是站立拍摄，则双脚张开的幅度应为肩宽的 1.5~2 倍，同时手臂加紧，形成一个稳定的三角形；如果是蹲着拍摄，则可以一腿屈膝，另一腿支撑在地面上。这时，手臂不要悬空，可以支撑在腿上，从而形成三角形，进行稳定拍摄。拍摄时，如果身旁有树、墙、桌子或者其他可以依靠或者支撑的物体，则要充分利用。总之，作为摄影师，需要大方站立、倚靠，甚至有时候需要趴在地上，一切都是为了创作出精彩的作品。

图 8-2　拍摄姿势

此外，还要客观了解自己的摄像机重量与手臂力气。如果使用的是比较专业的摄像机（如松下的大 P2 机、索尼的蓝光机），它们都是重量达数千克的肩扛机器，这个时候就要估量最长可能保持稳定的时间，然后最大限度地利用这个有效时间进行拍摄。如果使用的是小数码相机或者手机，就要熟悉手臂手腕的力气，才能最大限度地保持平衡。有了足够的平衡，才能拍摄出自然稳定的画面。

如果没有三脚架，而拍摄使用的又不是肩扛设备（如专业摄像机），而是手机或相机，则一定要双手持机，这一点非常重要。

## ■ 三、进行移动拍摄

在拍摄视频时，经常需要拍摄移动的物体（可能是人，也可能是物），拍摄者需要跟着一起移动。如果有专业的移动导轨（见图 8-3），或者稳定器（见图 8-4），则一定要充分利用。

图 8-3 移动导轨

图 8-4 稳定器

但是大多数人可能没有这些设备，就只能依靠自己。由于人体构造决定了人不可能像机器一样在移动中保持平稳，人的走动、呼吸都会带来必然地颠簸和震动，这时应该怎么办呢？这里给出几点建议。

（1）保持正确的拍摄姿势。无论怎么移动，跑动或者走动，都要最大程度地保持拍摄的正确姿势，两手跟摄像机以及身体形成一个三角形。

（2）走动中拍摄必然会涉及脚步的一抬一迈，建议走动时不要整只脚踩下去，因为整只脚踩下去的反馈力是最大的，因此建议用"前脚掌着地"的方法，从而最大限度地消除脚底对身体的反馈力，让画面尽量稳定。也有可能有的人习惯是后脚跟先着地更稳定，具体可视个人情况进行调整。

（3）如果是上下楼梯的移动拍摄，必须尽量缓慢地上下楼梯，并且保持上下楼梯的时候膝盖略微弯曲。因为正常情况下，人在上下楼梯时身体是不弯曲，整个身体会受到脚步强大的回弹力，从而导致摄像机的画面抖动，如果膝盖略微弯曲则可以最大限度地过滤掉脚步回弹产生的力量。

（4）在移动中拍摄要有预判性，对拍摄移动的路线提前做好预判，然后维持要拍摄画面的稳定性，这样也会大幅降低画面的顿挫感。

# 第二节 声音清晰

视频画质是影响微课质量的一个重要方面，此外声音也不容忽视。讲话、音效的音量、清晰度和纯净度，都会直接影响整个视频的观感。教师在制作微课时，有时会出现音量过小、有杂音、回音等问题，以下将探讨如何提升音质。

## ■ 一、选择录音设备

无论是在室内还是户外，在录制视频时，如果直接使用手机、数码相机等设备自带的麦克风，通常都会产生一定的噪声。这时候如果加上一个防风防尘罩，就可以大幅减少杂音。很多时候，环境杂音可能会特别多，为了减少后期剪辑的工作量，最好使用单独的麦克风或者录音笔。

录音使用的声音采集设备分为有线和无线两种，有线麦克风和无线麦克风的连接形式不影响音质，想获得高音质主要需要查看麦克风的带宽及采样率等参数。通常，录音时将麦克风直接夹在衣服上，但要注意有些麦克风的指向性较强，要正对着嘴部或者近距离摆放才能收到理想的声音。

如果是使用有线麦克风，录制视频又需要教师出镜，则可以在保证美观的基础上，将麦克风尽可能靠近嘴部，这样的录音效果更好。通常可以把麦克风线从外套里穿进来，直接隐藏在领口处。这样，观众看起来比较美观，而且不会分散注意力，如图8-5所示。

但不管选择何种收音设备，最重要的是在录课前能够熟读文稿，录制视频时保证声音清晰、吐字清楚、语速平缓。

图8-5 有线麦克风

## ■ 二、选择录音环境

音质的好坏与录音设备有关，但更重要的是录制环境。如果录制环境非常安静，没有干扰，则从源头上就保证了声音的高品质。这需要一个不受外界干扰、隔音效果好的录音环境。如果制作微课时，无法使用专业的录播室、录音棚等，则需要自己营造一个好的环境，以下是一些建议。

（1）尽量选择一个不临街的房间，避免室外产生的干扰，例如汽车行驶声、喇叭声、人说话声，以及其他嘈杂音等。

（2）如果只是小场景的录影，则没必要选择大的房间。如果选择过大甚至空旷的环境，则容易产生回声和混响。如果在家录制，书房和卧室都是不错的选择。

（3）录音开始之前，务必紧闭门窗，拉上窗帘，如果有条件，则可以在门窗上加装密封条。

（4）选择安静的时间进行录制，如晚上 11 点之后，清晨 7 点之前。

（5）一定要注意室内空调外机（多数在窗外）可能产生的运转噪声。

此外，在录制之前，还需要注意室内噪声的问题。室内噪声一般来源于计算机机箱（散热风扇声等）和一些与录音无关的电器（如键盘、鼠标、手机、风扇等）。在录音前，一定要将这些无关设备关掉。另外，手机不要放置在录音设备附近，计算机显示器和机箱应尽可能远离话筒，在录音时尽量不去触碰键盘、鼠标（会产生按键声、点击声）。很多平时不曾关注、不曾在意的声音（如按键声），在录制完成的微课中会显得非常突兀。

对于录制经验不丰富的老师，可以先试录两三分钟，然后导出看一看视频效果，没有问题再进行完整录制。不要录制完成后，才发现忽略了这样或那样的小问题。

## ■ 三、后期声音剪辑

录制完成的视频原声或者是后期录制的声音，有时需要进行一些后期技术加工，这被称为声音剪辑。在剪辑前，把手机或者计算机音量设置在 30% 为宜，这相当于校准。此外，有时麦克风录出来的原声音量很小，在剪辑的时候必须单独把音量整体放大，调节到恰好能听得清楚的音量。

目前 Cool Edit 等音频处理软件的功能越来越丰富和强大，如图 8-6 所示，这类软件可以对音频进行个性化地加工、去噪等，使用者多次尝试后会收获不错的效果。

图 8-6　Cool Edit Pro 软件的界面

# 第三节　录制技巧

如今，每个人都可以做"直播主持人"，人人都可以使用手机记录和发布自己的生活。拍摄视频并不是一件非常复杂的事情，只要举起手机就可以轻松完成。但码书中的视频承载着直观化、高效率传播知识、技能的责任，因此其拍摄也不能小觑。以下将介绍四个课程录制的技巧，供读者参考。

## ■ 一、脚本的设计

想要高效、高质量地完成视频录制，在拍摄前就必须形成完整的思路，不能随心所欲。就像导演需要有分镜头的脚本，教师制作微课也需要先编写脚本。一个脚本需要清晰地记录每一个时间点或时间段，画面上会出现什么？声音是什么？对于要进行拍摄的内容，则需要明确准备拍摄的元素：拍人还是拍物？使用几个分镜头拍摄？分别要用什么样的角度？一个微课脚本的样例，如表8-1所示，可以直接借鉴使用。

表 8-1　微课脚本

| 课程名称 | | 微课编号 | | 编写时间 | |
|---|---|---|---|---|---|
| 编写教师 | | 联系方式 | | 单位名称 | |
| 教学目标 | | | | | |

| 序号 | 知识点/技能点 | 声音（解说词、音效等） | 画面内容 | 使用媒体 | 时长/秒 |
|---|---|---|---|---|---|
| 1 | | | | | |
| 2 | | | | | |
| 3 | | | | | |
| 4 | | | | | |
| 5 | | | | | |
| ⋮ | | | | | |

## ■ 二、运镜的操作

运镜就是通过移动机位或者改变镜头远近、焦距变化等来进行拍摄。很多新手教师在拍摄时往往一镜到底，这样拍出来的视频比较平淡。巧妙的运镜，能够让镜头带领观看者走进创作者的世界。最常用的运镜操作有推镜头、拉镜头、摇镜头、移镜头、跟镜头五种，下面将做一个简单介绍。

（1）推镜头。推镜头产生的是从远及近的构图变化，能够让拍摄对象越来越突出，甚至充满整个画面。在被拍对象位置不变的情况下，通过变化焦距或者向前移动手机（或摄像机）就可以完成推镜头的操作。镜头可以快推，也可以慢推，节奏需要根据实际情况而定。

（2）拉镜头。与推镜头的运动方向相反，拉镜头产生的是从近及远的构图变化，用于揭示拍摄对象所处的环境。使用拉镜头时，拍摄对象逐渐变小，与观众的距离也逐渐增大。

（3）摇镜头。摇镜头通常是借助支撑手机（或摄像机）的活动底盘来实现镜头从上到下，或从左到右，甚至旋转角度的拍摄。摇镜头会让观看者跟随镜头去浏览外部事物。微课在介绍环境、呈现多个人物时会用到摇镜头。

（4）移镜头。移镜头是通过手机（或摄像机）的移动来扩大视频拍摄的空间，因此比摇镜头（原地摇）更加自由，可以让观看者边走边看。如前所述，稳定的移镜头需要滑轨的帮助。

（5）跟镜头。跟镜头是使用手机（或摄像机）与活动的拍摄对象保持固定距离的移动镜头。跟镜头中的主角位置相对固定，但是环境一直在变换，因此具有穿越空间的感觉，适于连续表现人物的动作、表情或细部变化。

无论是推、拉、摇、移、跟，手中的设备移动都要保持匀速，不能忽快忽慢。移动时，镜头需要在一条水平线上移动，不能忽高忽低。这样拍摄出来的视频看起来画面平滑，没有抖动感。如果在户外追踪拍摄运动的物体，条件允许的情况下，可以使用手持云台稳定器。其作用就是在人与手机之间寻找一个平衡点，来维持二力平衡，不会产生颠簸的镜头抖动，让拍摄画面更稳定。

如果视频素材已经拍摄完成，但没有拍到想要的运镜素材，则可以在后期编辑时，尝试巧妙运用视频剪辑软件的镜头特效，来营造运镜效果。

## 三、光线的利用

光线是一种很神奇的东西，在拍摄视频时可以是扰乱画面效果的障碍物，也可以让视频产生神奇的效果。因此，懂得如何利用光线，能够趋利避害，获得更佳的视频拍摄效果。

在所有运用的光线中，自然光远优于设备打光。如果在室外进行拍摄，一天之中，直射的太阳光因早晚时刻不同，其照明的强度和角度是不一样的。早上光线太弱或太暗，不适合拍摄；中午的太阳光太亮，容易造成曝光；因此推荐最佳的拍摄时间是下午2点到5点。此外室外拍摄的具体光线还和地域、季节、气候等因素密切相关，因此不能一概而论，选择明暗适度的时候拍摄视频效果最好。另外，室外拍摄要找阳光照射均匀的位置，不要对着光线拍摄。假如镜头的某些部分看起来太亮或太暗，可以改变所站的位置或变换一个角度，就会有所改善。

　　如果在室内拍摄，最好使用头顶灯和正面对光灯，这样会避免脸部出现阴影。如果在家里或者在自己的工作室里拍摄，可以购置补光灯，如图 8-7 所示，或者直播灯，它们价廉物美，效果也不错。如果在录影棚里进行拍摄，灯光问题可以交给专业人员进行处理。

图 8-7　直播灯

### 顺光和逆光

　　顺光指让人物的面部迎着光线，这样拍摄出来的人物会非常清晰明亮。反之，如果拍摄时人物背后有明亮的光源，则会造成逆光，拍摄出来的人物面部就会灰暗不清晰。顺光和逆光依据光线与人物的位置来界定，并无好坏之分，如顺光虽然明亮但容易拍出过度曝光的"大白脸"，逆光虽然容易灰暗但巧妙利用即可产生"剪影"的艺术效果。

　　初学者使用顺光即可。对于有一定经验的拍摄者，则可以尝试更丰富的角度。

## ■ 四、转场的应用

　　微课拍摄过程中，必然会用到场景的切换，这种场景的切换或过渡就是转场。如同 PPT 可以设定切换效果，视频也可以通过后期编辑来设定转场效果，如常用的叠化、淡入、淡出、闪白、翻页、定格、翻转画面和多画屏分切等技巧。

　　转场除了技术上的技巧外，还必须遵循视频内容的逻辑演绎。自然而然，让观看者不产生视觉跳跃就是完美的转场。

　　在做转场时，除了场景之外其他的人和物一般不要发生变化。例如上一个场景教师穿的是连衣裙，下一个场景还要保持原来的服装。不要在几分钟的视频里发生人物突然换装、站位跳跃等问题。

# 第四节  创 意 片 头

在开发码书中的微课时，一个好的片头，会让人眼前一亮。如同写作，好文章要从一开始就吸引人。特别是在当下，人们习惯于碎片化信息，更是要把开头做好。片头在视频中起着重要的引导作用，负有独特创意的片头，往往能产生神奇的效果，会给作品增色很多。要制作出有创意的片头，不仅需要有巧思，更需要优秀的脚本方案和对所录课程的深入了解。

## ■ 一、片头包含的要素

片头指微课或短视频的开头部分，通常时间不长，多在 5~15 秒之间。过长的片头会让人生厌，毕竟这是一个重复部分。无论是怎样的片头，都必须包含一些固定元素，主要包括以下信息。

### （一）标题信息

形式为内容服务。对于片头，最主要的是给出视频的题目。这个题目需要提纲挈领地告诉观看者即将收获什么，如《握笔的方法》《幻灯片的切换效果》《如何上好一堂班会课》等。如果码书中的微课是体系化的，有时候用两个标题更有利于表达清楚。一个是类别标题，说明微课属于哪个单元模块；一个是小标题，具体说明本节视频的主题内容，如标题《如何高效做好课堂笔记——5 个常见误区》。

### （二）作者信息

特别对于讲授型的微课，应该在片头交代作者（或授课者）的信息。与之相关的还可以包括作者的职称、职务、荣誉称号，以及单位等信息，如"××学校 ×× 教师""××大学 ×× 教授""特级教师 ××"等。

### （三）时间信息

时间在片头中是一个选择项。如果标注，一般具体到年份或月份即可。对于与时间不太相关的经典性内容，可以在片头不显示时间，而选择把制作时间放在片尾。

以上信息在片头的显示形式可以如图 8-8 所示。

## ■ 二、创意片头的类型

要想通过微课的片头引起学习者的注意，激发其强烈的学习兴趣，就需要在创意上多

| | |
|---|---|
| 标题：×××××××<br>作者<br>单位名称 | 系列名称 ×××<br>标题：×××××××<br>作者<br>单位名称 |
| 标题：×××××××<br>单位 作者 | 系列名称 ×××<br>标题：×××××××<br>单位 作者 |

图 8-8　标题信息的呈现

花些心思。片头的创意可以分为形式创意和内容创意两类。

（一）形式创意

形式创意是通过技术或表现手法，突破普遍采用的片头制作规范，以让人眼前一亮的方式展现出来。例如录制古诗词的微课，如果采用一段手绘图画来描述古诗的意境，就会让学习者觉得独特、有趣，而且很得体。技术赋予了形式创意无限的可能性，现在很多视频工具都可以做出令人惊喜的效果。

创意片头
微课示例

（二）内容创意

与形式创意不同，内容创意通常是使用与微课内容高度相关的情节或逻辑来吸引学习者。例如真实的场景、新闻事件现场、有趣的故事情节等。有类似导入或简介的作用。内容创意需要较长的时间来演绎，因此这类片头更要控制时间。不能把片头做成课程导入。

## ■ 三、创意片头的制作要领

要想制作一个富有创意的片头，一定要做好设计，即构思好视频的制作脚本。以下几点必须引起注意。

（一）素材准备

片头选用的素材可以是视频、音频、图片、PPT、动画等，根据需要可以通过拍摄或者素材库、网络等渠道获取。需要注意的是，片头中出现的素材，特别是显著位置的元素（如人物、物品等）一定要与课程内容密切相关，不能使观看者观看内容时感到"跳跃"或者"莫名其妙"。

（二）表达逻辑

微课片头有三种方式，一是"开门见山"，片头直切主题，简洁而凝练，把更多的时间留给知识点、技能点的阐述。这样的片头让人一眼就能明白课程主要内容。二是"提出问题"，通过问题形成悬念，可以迅速抓住观看者的注意力。问题的设计必须带有启发性、思考性。三是"安排序幕"，通过表达和说明，从而引出微课主题，给学习者形成深刻印象。

### （三）特殊工具

现在有不少网站或 App 专门提供创意片头的视频或下载模板，这些网站或 App 中既有实拍的视频，也有科技感十足的开场效果，以及动漫风格的模板。例如 Panzoid 网站，使用时只需要改变文字，就可以快速生成一个片头，非常方便。

# 第五节　完美主义

完美主义在心理学中指一种不断追求最高要求，追求完美的性格或主义。完美主义往往伴随着自我否定和对他人评价的关注。完美主义可以让人在制定目标、完成任务时，追求卓越甚至极致，但在这个过程中也容易产生拖拉、纠结、内耗等害处。

## 一、码书制造中的完美主义

在开发微课、制作码书的过程中，教师都会精益求精，努力提高文字、音视频资源的制作水平。有时候已经做好的视频，会因为一些瑕疵反复进行录制。适度的完美主义可促使事情成功，但不能过于极端。如果出现以下情况，则需要注意。

（1）有了码书开发的想法后一直在思考书的名称、框架和内容，一两年过去了，还是没能真正开始。

（2）码书撰写了一两个小节，但是并不满意，反复修改后，拿给他人阅读并期望得到反馈意见，收到他人积极评价，但是仍自我感觉糟糕，认为没有达到自己理想的高度。

（3）一条视频拍摄（或录制）了很多遍，仍不满意，最后导致心情烦躁，甚至一度想放弃拍摄。

（4）因为一个细节问题，耽误很长时间，码书开发不得不停滞下来。

完美主义往往与拖延症相伴而生，这会让工作迟迟无法开始，或者开始之后，完成遥遥无期。完美主义是对自己、对目标、对他人、对事情的发展要求过高，而一旦有所不符，就容易走向极端，甚至放弃完成最初目标。追求"完美主义"的人，正是因为雄心勃勃，所以想用最快、最完美、最有效的方式达成目标。完美主义者在制定目标和计划时，往往会不留任何余地；在对自己做出要求时，不容任何闪失。虽然这些做法的出发点都是想把事情做得更好，但结果往往不能如愿，因为现实与预期之间一定会发生偏离。

## ■ 二、从完美主义到追求卓越

本质上，完美主义是一种对失败的恐惧。现实中并不存在"完美"的人，也不存在被"完美"执行的计划，更不存在"完美"按照预期发展的事情。"完美"永远只存在于计划、想象之中，一旦开始行动，必然会打破"完美"。巨大的挫败感，会让人行动瘫痪。而且"完美主义"者常常不快乐，有时还会对自己产生强烈的不认可。

在开发码书时，要从完美主义者成长为卓越主义者。卓越主义者，像完美主义者一样追求进步、追求极致，但对于事物发展、任务完成的认知基模不是直线，而是呈螺旋上升的状态。直线是不断攀升的，如图 8-9 所示，而螺旋上升如同波浪线有起有伏，如图 8-10 所示，但总体上是在不断地上升、不断地变好、不断地进步。

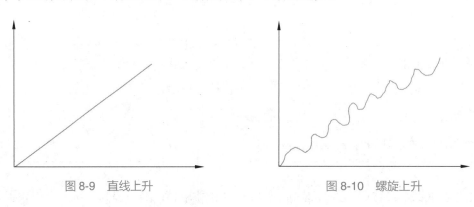

图 8-9　直线上升　　　　　　　　　　　图 8-10　螺旋上升

有起有伏的螺旋上升，才是事物发展、自身成长，以及人生的正常状态。在制作微课、编写码书的过程中，并不是一蹴而就的，而是会经历大大小小的失误或者挫败。要把行动过程中遇到的失败，当作一个个得到反馈、积累经验的机会。同时，应该降低要求，凡事不要求苛刻，学会接纳不完美的事情，并持续改进。

# 第九章
# 码书助力教师专业发展

## 第一节　名师成长阶段

我们一直在研究教师成长的规律。通过长期的观察、访谈，发现名师的专业发展有三个阶段。这三个阶段是成就名师的关键，缺一不可。

### ■ 一、在上课中成长

上课是教师的天职，也是教师每天都要做的事情。他们的工作就是不断地备课、上课，有时候也会听课。在"上课"中成长，教师要脚踏实地上好每一堂课，一丝不苟、精益求精，努力实现课堂上学生与教科书、学生与教师及其同学、学生与自己内心的相遇与对话①。

好的课堂应该是让学生课前有一种期待，课中有一种满足（和享受），课后有一种留恋。上好一堂课，以下有几条建议。

#### （一）变角色

教师要营造有利于促进学生学习，特别是合作学习的课堂，必须从传统的讲授者向学习的组织者、引导者、合作者、反思者、协助者、观察者等角色转变。只有角色转变了，课堂才能从以教师为中心转变为以学生为中心。

#### （二）促参与

课程是为了达到某一具体目标，选择与设计的教学内容和活动的总和。因此课程不是教师自己演讲或表演的舞台。教师授课必须精心设计教学活动，并引导学生积极参与其中，在行动中学习，在合作中学习，在反思中学习，如图 9-1 所示，演讲模式的课堂学生认知参与度最低，学习的效果也最差，阅读、试听结合、示范、小组讨论、实际操作、向他人

---

① 佐藤学.静悄悄的革命：课堂改变学校就会改变［M］.北京：教育科学出版社，2014.

讲解等课堂模式的认知参与度依次提高。学生越多地参与和行动，学习的效果越好。

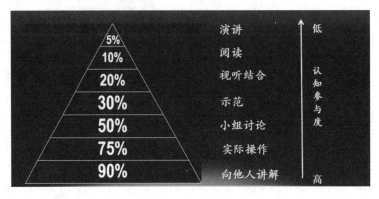

图 9-1　认知参与度比较示意图

（三）用技术

从传统的幻灯片、投影，到现在的计算机、网络，甚至 5G、大数据、云计算、元宇宙、人工智能等，信息技术改变着教育生态和课堂生态。课堂因为技术的支持变得更加绚烂多彩，这些技术在将学习内容形象化、生动化，学习过程数据化的同时，也可能会对教与学产生一定的干扰。信息技术是教育发展的必然趋势，合理应用是每一位教师都需要面对的课题。

（四）勤学习

身处一个知识爆炸的时代，教师作为学习者，只有不断地学习，才可能更好地进行知识教授。如今是一个"三随学习时代"，"三随"即随时、随地、随身。学习力就是竞争力，借用哈佛前任校长鲁登斯坦的一句格言："从来没有一个时代，像今天这样需要不断地、随时随地地、深入广泛地、快速高效地学习。"

如今，许多人都面临着同一个难题：时间不够用。每天只有 24 小时，8~10 小时给了工作，7~8 小时用来睡觉，剩余的 6~8 小时还有其他琐事要处理，哪里还有整块的时间去学习？这似乎是个无法调和的矛盾，但并不是无计可施。如何应对关键在于两点：第一，用碎片化的知识构建体系化的知识网；第二，用碎片化的时间，有计划、有节奏地学。好似蜘蛛捕食，需要结网。学习也有异曲同工之妙，所以，碎片化的学习时间，并不能等同于碎片化的学习知识。相反，要学会有意识地，把碎片化的知识联结起来，构建自己的知识网。

■ 二、在研课中成长

在"研课"中成长，教师要不断对自身教学实践进行反思、不断对教学规律、教学经验进行提炼，不断整合他人经验，从而实现自身专业能力和水平的螺旋式上升。20 世纪

60 年代，英国著名课程学者斯滕豪斯提出"教师作为研究者"的思想，自此教师做研究逐渐被视为其专业成长的一个重要路径。但是人们可能会问：中小学教师还需要做研究吗？研究不是大学教师、教研员做的事吗？回答此类问题前，需要先思考："教师在教学实践中有没有面对和解决过问题？"答案是肯定的。那么如何解决问题呢？答案是依靠研究。

教学对于教师是一项挑战。教室是充满活力的场所，任何事情都有可能发生。海隆·萨利博士说：每间教室都是不同的。正是这种复杂性，使得教师必须密切关注自己的教学实践，在自己的课堂上进行研究。

## ■ 三、在创课中成长

经过之前两个阶段的丰富实践和研究积淀，教师开始思考如何创新或创作课程。这时的教师已经能够充分且客观地理解课程、认识自我，能够提出自己的教学主张（甚至教学理念），从而具备能力构建凝聚教师自身独特魅力、深邃思考的属于自己的课程。

由教师自主创新、创造的课程被称为"教师课程"，以区别于"国家课程""乡土课程""校本课程"。教师课程可以是用于培养孩子某方面能力的学生课程，也可以是用于培训教师的教师专业发展课程；可以是用于校内的常规课程，也可以是用于课外的延伸性课程。

码书需要推动教师创设属于自己的课程，并在这个点（课程）上持续发力、持续深挖，做到出类拔萃，产出丰硕成果，打造个人品牌。以下是已经出版的码书名称，可体会码书作者创造的课程。

（1）文体技能类：《体育创意游戏 100 个——让孩子们一起玩到嗨》《音乐创意游戏 100 个——成就孩子一生的快乐》《轻松读谱和唱谱》《美术创意手工 50 个——"纸"爱首饰》《轻松学写硬笔字》《轻松学写毛笔字》《轻松学写粉笔字》《书法规范练习 108 关》。

（2）小学教育类：《小学语文启蒙——拼音·字词·阅读》《轻松学拼读——小学英语拼读入门教程》《小学数学经典"计算"100 例》《儿童诗启蒙》《小学生必背古诗词 75+80 首（朗读临摹版）》。

（3）中学教育类：《初中物理趣味实验 100 个——让孩子们一起玩中学》《轻松突破中考英语语法易错点 110 个》《轻松掌握初中生物实验规范操作》。

（4）教师培训类：《片段教学实战手册（小学语文）》《混龄教育实战手册》。

（5）家庭教育类：《小学生科学养育手册》《亲子体能训练 100 例》。

# 第二节　挖掘隐性经验

码书开发是一个教师隐性知识显性化、社会化的过程。其中涉及"隐性知识"，也称"隐性经验"，与之相对的是"显性知识"或"显性经验"。

## ■ 一、隐性知识与显性知识

知识是个古老而又常新的话题。在西方哲学史上，哲学家们对"什么是知识"有各种各样的回答。理性主义的知识概念认为知识来自理性自身，把理性看作知识的唯一源泉。经验主义的知识概念则认为人类所有的知识都来源于感觉经验，都是对外部世界各种联系的反映，反对任何先验的观点和范畴。

### （一）隐性知识

隐性知识又称为"缄默知识""默会知识""默然知识"等。禅宗中的很多智慧都蕴含于默会之中，甚至传递于缄默之间，因此有了"顿悟"和"拈花微笑"。石中英教授定义缄默知识（即隐性知识）是人类知识总体中那些无法言传或尚不清楚的知识。

隐性知识指那些不能或不易用言语表达，甚至完全无意识的知识。但是它又是客观存在的，在行动时会表现出来。日本的野中郁次郎曾以面包师为例做了一个具体的说明，他认为面包师所掌握的知识就是隐性知识，是高度个人化的，很难公式化，也难以交流，根植于行动和个人对具体背景的理解当中，表现为手艺或专业、一种特殊技术或工作团体的活动，包括存在于"专有技术"当中的不正式的、无法详细表达的技能①。

教师也有隐性知识，是指存在于人的头脑中，一般难以明确表述的知识，很多时候甚至知识拥有者都不自知。英国著名的哲学家迈克尔·波兰尼认为"教师的隐性知识是在教育情境下，存储于教师个人头脑中的，难用图文记录和传播的教育教学实践相关的知识，它是与教师专业理论知识相区别的一种知识类型，一定程度上反映了教师教学目标实现的能力"②。例如有的老师有很强的"气场"，不用多费口舌，就可以让教室里的学生们安静下来；有的教师善于"组织"复习，能够让学生们高效地进行知识的查漏补缺；有的老师善于"表扬"，总能发现学生身上的优点，让孩子们都充满自信。这些教师出色之处的背后就是"隐性知识"在发挥作用。教师对知识有感觉，但无法系统地知道自己所拥有的"隐性知识"到底是什么，到底有多少，这就需要进行挖掘。

### （二）显性知识

显性知识与隐性知识相对，是能明确表达和传递的知识，又被称为明晰知识、外显知识。石中英教授认为显性知识是那些通常意义上可以用概念、命题、公式、图形等加以陈述的知识。再做进一步具体说明，研究人员认为显性知识可以通过语言和文字方式进行传播，是可以表达、确知，能以编码输入计算机的知识。

与隐性知识多以个人、团队、组织的经验、印象、技术诀窍、组织文化、风俗等形式存在③ 不同，显性知识可以十分容易地被记录下来，并能够被详尽地论述，严格地定义，可

---

① 野中郁次郎 . 知识创造公司 [J]. 南开管理评论 ,1998（2）:15-22.
② 谭朝阳，李红波，黄利妮 . 教师隐性知识显性化的障碍及对策研究 [J]. 广东广播电视大学学报 ,2004（1）:90-93.
③ 金明律 . 论企业的知识创新及知识变换过程 [J]. 南开管理评论 ,1998（2）.

形成文字，写成消息报道、学术论文等，或形成图书，或载于报刊，或存入数据库、光盘等之中[①]。

## ■ 二、隐性知识的显性化

从定义可以看出，隐性知识和显性知识具有显著的差别。对于这一差别，可从知识管理学的角度进行细致区分，如表9-1所示。表9-1表明显性知识有利于传播和共享。对于教育，如果能够把教师个体的隐性知识萃取出来，整合成为显性知识，再加以传播，则整个教师队伍的专业能力将获得长足发展。因此，隐性知识显性化十分有意义。

表 9-1　隐性知识与显性知识的区别

| 隐性知识特征 | 显性知识特征 |
| --- | --- |
| 尚未或难以规范、系统 | 规范、系统 |
| 科学原理不甚明确 | 已经建立科学和实证基地 |
| 非正式、难捉摸 | 经过编码、格式化、结构化 |
| 用诀窍、习惯、信念、个人技能等形式呈现 | 用公式、软件编制程序、规律、法则、原则和说明书等方式表达 |
| 运用者对所用隐性知识可能不甚了解 | 运用者对所用显性知识有明确认识 |
| 不易保存、传递、掌握、共享 | 易于储存、理解、沟通、分享、传递 |

最早是日本的野中郁次郎提出了隐性知识的显性化概念，他认为隐性知识的价值必须通过向显性知识的转化来实现，并提出知识转化的SECI模型，如图9-2所示，即隐性知识与显性知识历经四个循环阶段的转化而形成了一个螺旋形上升的知识创新过程。

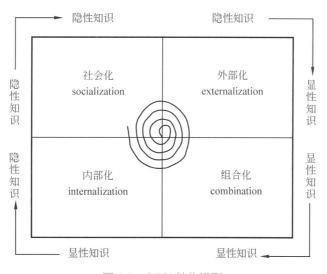

图 9-2　SECI 转化模型

---

① 徐耀宗. 我国企业知识管理的研究与考察（上）[J]. 郑州轻工业学院学报（社会科学版），2001（2）.

模型中，隐性知识和显性知识是相互联系、相互作用的。不但隐性知识可以显性化，而且显性知识也可以隐性化。图 9-2 表明隐性知识和显性知识的转化过程包括四种转化模式：社会化、外部化、组合化、内部化。

### （一）知识的社会化，从隐性到隐性

社会化的过程多数指个人与个人面对面的交流，直接地沟通是本阶段的主要形式。一般是学习者与教导者通过共享资源与互通信息来完成隐性知识的转化。转化的方式多种多样，主要有观察、模仿、实践等。

### （二）知识的外部化，从隐性到显性

外部化是将隐性知识表达出来使之成为显性知识的整个过程。隐性知识的显性化主要是人们将各种想法、意见、实践转化为可表达的语言或其他（如微课、码书）。例如，教师将自己的班级管理经验、妙招录制为微课，让新手教师学习借鉴，就能够快速实现经验的传播。

### （三）知识的组合化，从显性到显性

组合化是一项反复应用人类知识成果的过程。它的关键在于信息收集、重组、分析、综合、利用和传播，把各种清晰明白的显性知识进行组织并再次提炼出新的知识，进行系统的优化。在码书的开发过程中，作者积极整合其他人的理论与实践，这就是一个联合的过程。

### （四）知识的内部化，从显性到隐性

内部化是显性知识经过不断地学习、积累、修正、运用，被个人学习、消化，从而内化到个人的隐性知识当中。边学边干就是知识不断更新、内化的过程。内部化要求通过个人实践、亲身经验，不断进行模仿，将共享的知识重新编码成为个人的知识。

教师专业的发展不仅要求教师学习已经格式化和系统化的教育理论和方法，而且要求教师探索和学习处于隐性状态的专业知识，让隐性知识流动起来。教师普遍都有隐性经验（包括对专业知识以及科学文化知识的掌握，教学手段的运用，各种教学情景的应急处理，个人教学风格的形成等），这些隐性经验与人结合在一起，"难以通过常规的信息工具进行传播"[1]，难以被文字化或格式化，只有通过特殊方法才可以进行收集。

既然隐性知识难以用语言、文字、图像或其他符号进行表达，那是否可以通过视频来生动呈现呢？这是一个十分有趣的问题。码书通过二维码实现了视频资源的汇聚，有利于挖掘教师的隐性经验，进而促进教师隐性经验的显性化，推动教师专业的发展，这得到了研究支持[2]。码书开发的价值就是促进教师隐性经验显性化。

① 张润彤，曹宗媛，朱晓敏.知识管理概论 [M].北京：首都经济贸易大学出版社,2005: 80.
② 王有珍.码书开发对中小学教师专业发展的影响研究 [D].广州：华南师范大学,2022.

# 第三节　萃取最佳实践

教师在日常实践教学中都积累了丰富的隐性经验，找到实践中的精华和自己的优势所在，并将之萃取出来，就是教师的目标。这就是萃取最佳实践，目的是进一步促进教师专业的发展。

## ■ 一、最佳实践的定义

最佳实践是一个管理学概念，它指存在某种技术、方法、过程、活动或机制可以使生产或管理实践的结果达到最优，并减少出错的可能性。一个岗位有很多人从事过，势必会形成做事的最佳方式；一个人做了很多工作，势必会在某个事情上做得特别出色。把岗位做事的最佳方式和个人做得最好的事项一一总结出来，就是组织的最佳实践①。

在生产、生活的各个领域，从纵向时间上看，人类（或人们）一直在努力积累经验。这个过程，长期、宏观审视是人的进化，短期、微观审视是具体的行为改进。"最佳实践"就是一些方法（或技术），且持续显示使用这些方法（或技术）的结果明显优于使用其他方法（或技术）。最佳实践经常被看作改进的标杆，但事实上，最佳实践本身也在持续改善，不断演进。

## ■ 二、教师"萃取"要领

教师萃取最佳实践的过程，就是专业发展的过程。教师萃取最佳实践，进行码书开发，也有规律可循。下面将介绍几种"萃取"的有效手段。

### （一）重点聚焦

教师不是专家学者，可能会缺乏全局性、系统性研究教育教学现象和问题的能力。但教师是教育方针政策的具体执行者、学生教育的具体实践者、课堂改革的具体践行者、教学问题的直接面对者，教师是所有教育教学工作的一线亲历者。工作中遇到的问题都可以成为一线教师研究、思考的切入口。从这个层面看，一线教师的实践成果萃取不可贪大求全，需要小切口，聚焦具体问题。

一事精致，便能动人。只要一线教师持之以恒地聚焦在一个或几个"点"上，去学知

---

① 百度百科 . 最佳实践 [EB/OL].[2023-09-09]. https://baike.baidu.com/item/%E6%9C%80%E4%BD%B3%E5%AE%9E%E8%B7%B5/9290183?fr=Aladdin.

识、探策略、真实践、勤反思、多论证，就能精准把握，形成自己个性化、有生命力的实践成果或典型经验。

### （二）关注案例

萃取教学实践成果或典型经验，需要教师具备材料分析和总结提炼等基本能力，尤其是对典型案例的挖掘、梳理、透视和追踪，这些能力都需要一线教师平时多积累、多实践、多养成。

一般情况下，优秀的教学实践成果或典型经验都必须要有标杆性、示范性的案例作为方法的实例解读，所以教学成果的萃取必须要关注典型案例，让典型的案例展示成果或经验的实施轨迹和具体方法。

典型案例一般可以从案例的背景、问题的提出、创新的思路、具体的做法、实施的成效、推广的价值等方面来撰写，重点要突出创新思路和具体做法，注意把成果实施的全过程有条理、有逻辑地描述出来，全过程展示解决问题的做法。典型案例除了文字描述外，还可以用图片、视频以及教师的实践思考和体会感悟予以补充，使案例更为充实和富有张力，从而印证解决问题方法的创新性和有效性。

### （三）落实方法

萃取教学实践成果或典型经验的核心在于从一线教师的成功经验中，概括出解决问题的操作性策略，并从操作性策略中提炼背后原理。这在本质上是不断提炼经验中的理性成分，逐渐提升经验的价值，降低经验的情境依赖性的过程。

一线教师教学实践成果一定要从问题出发，到最终解决实际问题，能为其他教师解决同类问题提供可借鉴的经验或策略方法。所以，一线教师萃取个性化教学实践成果就要落实到"法"上，这也是实践性教学成果的关键和核心。

创新方法和具体做法是教师教学实践成果的精髓。教师在萃取自己的教学实践成果时，应着眼于自己解决教学难题时做法的总结提炼、精准表达和理性思考。在这方面，不需要太多空洞、感性、抒情的描述，也不要过多谈论自己的心得体会，而应该把方法说清楚、说明白、说透彻。

### （四）结合理论

教师教学实践成果或典型经验的萃取，是对一线教师的教学经验进行选择、反思、改造、重组等，使之成为一种理性思维乃至理论成果的过程，它需要有相关的教育理论来引领。所以，教师的教学实践成果最终都要能找到理论依据，证明成果是科学合理的，而不是主观臆断的结果。

找到理论依据并没有那么复杂。既然教学成果能真正解决实践问题，必然有其本身价值。教师可以根据成果方法的类别，去查阅相关的理论，学习相关的教育学、心理学等知识，找到教育教学理论、名人教育家的观点等来解释经验方法，支撑实践成果。在信息化时代，要找到这些观点、理论并不困难，难的是如何把这些理论与自己的教学实践结合起来，融合共生。

## ■ 三、萃取成果的精彩

在教师培训领域，受一线教师欢迎的培训师通常是一些拥有大量实践经验的一线专家和本土专家。之所以如此，是因为他们更多地讲授"术"，他们将自己的实践经验显性化，将实践技能知识化和结构化。因为更重实践性，更具实操性，这样的专家和培训才更有生命力。萃取最佳实践也是在做同样的事：将隐性经验显性化，将最优实践的技能、流程和方法结构化，将身边最典型的事例理论化或最优化。这就是萃取最佳实践的生命力所在。

与此同时，萃取最佳实践的成果完全能够成为教师培训的优质资源，它们是看得见的标杆、学得到的技能、用得了的流程、可实操的方法。广大教师运用经过萃取而来的最佳实践成果，可以很快地应用到自己的教育教学中，推动自己所在学校的可持续发展。

# 第四节 成就专业发展

教师专业化发展是教师作为专业人员，在专业思想、专业知识、专业能力等方面不断发展和完善的过程，即从专业新手到专家型教师的过程。随着人们对教师"专业性"认识的不断拓宽，教师专业发展的重点开始由群体被动的专业化转向个体主动的专业发展，由以往关注教师专业素质结构中的知识技能层面转向专业信念和自主发展意识层面，由以往注重知识传授的"技师"角色转向研究型的"反思者"。人们意识到，通过反思可以促使教师对自己及其专业活动有更为深入的"理解"与"发现"。而教师开发码书的过程包含了实践和反思，其实质是教师隐性经验显性化、系统化、课程化的过程。码书开发助力教师专业发展，主要体现在以下七个方面。

## ■ 一、隐性知识的显性化

隐性知识是与人结合在一起的实践经验性知识，"它们在本质上以人为载体"，是在教师日常教育教学中产生并积累，深藏在教师内心但不易表达和传递的一种个人知识，它们是教师在教育活动中的直觉、灵感、洞察力、信念、价值观，以及融于教育教学中非正式的、难以明确用言语文字表达的技能、技巧、经验和诀窍等。教师开发微课、制作码书的过程首先要做的就是通过反思工具萃取自身的隐性知识，实现隐性知识的显性化，将经验转化为可操作、可模仿、可复制的方法、策略。这是名师专业发展的重要历程。

## ■ 二、学习整合能力提升

教师要开发一本高质量的码书，单纯靠萃取自身隐性知识是远远不够的，必须跳出自己的固定思维和小圈子，提高自己的站位，进行更深入地理论学习和更广泛地实践经验借鉴。对于理论学习，教师主要通过数据库检索和互联网搜索引擎的检索功能，获取有价值的学术信息，进而实现特定主题的"滚雪球"式地不断完善和发展，这是一个目标性极强的专业累积过程，也是专家智慧形成的过程。对于他人经验的学习借鉴，一是可以通过查阅案例资料来获得，二是可以通过面对面或基于网络的沟通直接获取。善于发现他人长处，耐心聆听他人经验，积极将他人经验整合进入自己的知识体系，而非盲目听命于人或迷失在浩瀚的信息海洋里，是教师专业发展中的重要能力。学习整合能力对教师专业发展至关重要，且无捷径可言。

## ■ 三、科学研究能力提升

教师开发码书码课是一个不断创新的过程，因此必须进行研究。这就需要教师从"教书匠"的角色中跳出来，研究教材、研究技术、研究学生、研究自己，甚至要研究政策、研究管理、研究学校、研究趋势、研究心理学，转变成为"研究型的专家教师"。教师做研究，还需要从反思总结类型的研究提升为科学化的学术研究，也就是要有问题意识，要掌握并能够熟练运用常用的教育科学研究方法（如调查法、访谈法、实验研究法、内容分析法、行动研究法、个案研究法、教育叙事法等），且精通于著录规范和学术表达。这些对教师的专业发展都大有裨益。

## ■ 四、信息技术素养提升

码书开发是一个信息技术综合应用的过程。要制作视频微课，教师必须懂得如何收集素材、如何加工素材，以及如何进行视频录制或拍摄。收集素材涉及互联网检索能力，以及与之相关的甄选能力、下载技术等，这看似简单但其实并不容易。收集素材的类型包括文字、图片、音频、视频等各种类型。加工素材涉及多种软件的使用，如文字加工工具（Word、PowerPoint 等）、图像编辑工具（Photoshop、美图秀秀等）、音频加工工具（Cool Edit、绘声绘影等）、视频加工工具（小影、爱剪辑、绘声绘影等）。视频制作过程中，屏幕录制微课会用到喀秋莎、录屏专家这类软件，以拍摄方式制作微课时需要熟练使用 DV 及辅助设备。制作过程中，教师还需要精通对音频的采集和对噪声的控制，其中也有很多技术、技巧。有时候为了一个细节，还会需要准备一些道具和辅助工具。这个过程对于教师是一次以真实任务为导向的学习，教师可以从中迅速提升自己的信息技术能力。此外，开发码书码课的过程也将提升教师对时代发展、教育发展、技术创新发展的敏锐度，提升自身信息素养。

## 五、科学表达能力提升

码书的开发，除了制作微课，还需要最终落实到书面的图文表达。这就要求教师必须具备过硬的文字功底和科学、严谨的表述能力。一本高质量的码书应当同时具备科学严谨、言简意赅，语言生动活泼、说明深入浅出等特点。这就要求开发码书的教师具备高超的文字驾驭能力和科学的表达能力。而这些能力无法一蹴而就，必须经过长时间的磨炼，以及反复地推敲、修改才能慢慢养成。而对于不出版（自行印制）的码书，由于缺少了出版社的校审和美工排版程序，作者还需要自己对图文混排、印刷环节等投入精力。这就更需要制作者具备较好的文字和美工基础。

## 六、版权保护意识提升

教师在开发码书（特别是出版码书）的过程中，一定会涉及版权问题。一方面要考虑如何保护自己的版权，另一方面要考虑如何保护他人的版权，确保自己不侵权。版权即著作权，是指文学、艺术、科学作品的作者对其作品享有的权利（包括财产权、人身权）。码书作者自身版权的保护主要通过与出版社签订的出版合同进行约束，合同中会明确版权的归属、署名权的归属，以及版税的分配等。此外，教师在录制微课、开发码书的过程中，必然会使用到他人的作品（如音乐、视频、照片、肖像、文章段落等），必须予以充分尊重，不能抄袭他人作品，也不能随意使用具有私人版权的音乐、视频、照片、肖像等。教师在网络上上传视频课程的时候，也要考虑版权问题。

## 七、教学不断改革创新

码书制作完成并不是教师建设码书码课的终点。以码书为基础，探索教育教学模式的改革创新才是目的，这直接关系到人才培养的质量。如前所述，码课是"互联网＋"时代课程的新形态，其教学模式、学习模式、管理模式都值得教师结合自己所授的学科特点，进行深入的理论研究与实践探索。教师教学与日常管理通过"＋网络""＋手机""＋码书"将获得新的发展。开发码书码课的实践没有终点，人才培养的改革创新永远在路上，教师的专业发展也永远在路上。因此，教师参与码书码课的开发，不仅是在制作微课、开发资源、出版图书，更是一个不断推进学科教学改革创新的过程。

## 第五节 展现教师成果

### ■ 一、码书和智慧众筹

尽管本书前面的叙述都在强调教师个体的经验和丰富的创造力，但事实上码书的开发通常不是一个人在战斗。类比石头汤的故事，如图9-3所示，大家一起贡献食材，石头也可以煮出美味的汤汁。老师们如果一起贡献智慧，一起参与到搭建框架、文本编写、微课制作中，就可以共同开发出精美的码书。

图 9-3 石头汤的故事

在码书开发的过程中，作为组织者和总设计师，作者（特别是第一作者）要争取以下各方面的支持。

（一）同行教师

码书开发并非必须要独立完成，而可以组织一个由同行（例如要开发语文学科的码书，则可以联络同校或同地区有兴趣的语文老师）组成的编写团队，通过分工把任务分解成模块，甚至一个一个的具体任务。这样有利于保障开发进度，也可以通过集体讨论汇聚大家的智慧。

（二）技术能手

码书开发过程中少不了技术支持。拍摄微课时，追求高清晰度画面就需要专业的设备和专业的操作。另外，一个人无法同时兼顾讲课与拍摄，如果教师不会使用专业的拍摄设备，则可以向信息技术老师或者其他"计算机高手""摄影高手"寻求帮助。

（三）学生们

有些码书中的微课需要学生出镜，这就需要学生们的支持。在拍摄视频前，需要与学生多沟通，让学生了解拍摄的目的、要求和具体事项，获得学生及家长的同意。另外，有些码书或其中的微课会使用学生的作品，这也需要获得相关学生的授权。

### （四）家人

与做其他事情一样，开发码书也离不开家人的理解和支持，包括情感支持、时间支持、家务分担等。甚至很多时候，家人也会直接参与到码书的开发过程中，如帮忙准备素材、录制视频等。

## 二、码书是标志性成果

正式出版的码书，看得见，摸得着，是非常好的教学和科研成果，也是记录教师专业发展和学校改革创新的标志性成果。用好码书，能够在很多方面助力教师个人品牌和学校品牌的打造。

（1）将码书作为教师课题研究的成果。码书出版后有独立的书号，是正规出版物，因此可以作为教师课题结题的重要成果之一。不少已经出版的码书都建立在课题研究的基础上。

（2）将码书作为教师职称评定的成果。对于教师，正式出版的码书是一本属于自己的专著，在评定职称中很有分量，是评定高级职称以及特级教师等的有力基础。特别对于名师，开发属于自己的系列微课程，做出属于自己的码书，标志着自己在某一领域居于行业前沿。

（3）将码书作为教师个人品牌的名片。师者，所以传道授业解惑也。但不少教师认为"著书立说"遥不可及，其实只要有好的选题，有长期的实践经验积累，通过自己和同行的共同努力和不断学习，就可以完成码书的开发和出版。码书首先是教师自己的一张名片，代表着自己的教育思考、教学智慧、经验总结。

（4）将码书作为学校改革创新的成果。如果学校大力支持教师开发码书，并根据学校的优势特色，引导教师组成若干团队，有组织地围绕学校改革创新的重点开发出系列码书，则这些码书就会成为学校育人育才改革创新的见证，以及学校品牌打造的利器，标志着高质量的学校师资和教学水平。

## 三、从码书到课程馆

如何用好码书和微课呢？其实，码书码课在课前、课中、课后都可使用。并可将其置于一定的空间内，课程馆由此应运而生。

课程馆是将学习者汇聚于一个物理空间，通过码书、码海报等，创造线上课程和线下纸质读物的链接,通过智能终端创造人机交互进行移动学习[1]。课程馆不仅只是学校里的某个教室,还可以是校园里的每一个角落,教师可以将开发的码书或者微课程制作成二维码,将其布置在校园的各个角落,让学生在校园内实现随处可学、扫码即学,让学生自主学、系统学,更有意思地学。

湖北武汉经济开发区洪山小学将学校里的校园景观梳理成"校园十景",将其拍成了系列微课程,并将微课程的二维码张贴在景观旁边,学生们可以通过扫描二维码观看视频,了解学校景观背后的文化,以及学校每个地方发生的重要事件。校园里的一景一课程或一景多课程,便成了洪山小学的第一间课程馆——校园文化课程馆[2]。

课程馆的特点是包含了丰富的学习资源、多样性的学习环境、共享的学习空间[3]。课程馆是新技术应用的一种新形式,它利用信息技术整编各学科的码课码书,形成"一师一课程、一师多课程"的微课程资源,从而建设成学科知识课程馆。通过分类整合不同码书中的视频资源,可以建立多姿多彩的课程馆,形成"课程馆群"。

[1][3] 周方苗,代雅茹,李波. 小学名校 SPOC 课程创生的内涵、优势及路径 [J]. 教师,2021（12）:83-85.
[2] 褚清源. 将校园变成课程馆 [N]. 中国教师报,2019-05-22（07）.

# 参 考 文 献

[1] 谭朝阳，李红波，黄利妮 . 教师隐性知识显性化的障碍及对策研究 [J]. 广东广播电视大学学报，2004（1）：90-93.

[2] 金明律 . 论企业的知识创新及知识变换过程 [J]. 南开管理评论，1998（2）.

[3] 王有珍 . 码书开发对中小学教师专业发展的影响研究 [D]. 华南师范大学，2022.

[4] 武丽志 . "互联网 +"时代的教师专业发展 [J]. 湖北教育（教育教学），2019（10）:72-73.

[5] 武丽志，李玉平，雷斌，等 . 码书码课：打造教师专业发展的新路径 [J]. 教育信息技术，2019（04）：3-6+25.

[6] 武丽志，李立君，欧阳慧玲 . 从优秀到卓越：教师研究力的 12 项修炼 [M]. 北京：中国人民大学出版社，2000.

[7] 巴巴拉·明托 . 金字塔原理：思考、表达和解决问题的逻辑 [M]. 北京：南海出版社，2010：1-302.

[8] 胡铁生 . "微课"：区域教育信息资源发展的新趋势 [J]. 电化教育研究，2011（10）：61-65.

[9] 胡铁生，黄明燕，李民 . 我国微课发展的三个阶段及其启示 [J]. 远程教育杂志，2013（4）.

[10] 李秉德 . 教学论 [M]. 北京：人民教育出版社，2001.

[11] 胡小勇 . 设计好微课 [M]. 北京：机械工业出版社，2014.

[12] 李玉平 . 微课程——走向简单的学习 [J]. 中国信息技术教育，2012（11）：15-19.

[13] 邱昭良 . 玩转微课 [M]. 南京：江苏人民出版社，2016.

[14] 苏小兵，管珏琪，钱冬明，等 . 微课概念辨析及其教学应用研究 [J]. 中国电化教育，2014（07）：94-99.

[15] 柯清超 . 现代教育技术应用 [M]. 北京：高等教育出版社，2016：36-38.

[16] 佐藤学 . 静悄悄的革命：课堂改变学校就会改变 [M] 李季湄，译 . 北京：教育科学出版社，2014.

[17] 野中郁次郎 . 知识创造公司 [J]. 南开管理评论，1998（2）：15-22.

[18] 张润彤，曹宗媛，朱晓敏 . 知识管理概论 [M]. 北京：首都经济贸易大学出版社，2005.

[19] 周方苗，代雅茹，李波 . 小学名校 SPOC 课程创生的内涵、优势及路径 [J]. 教师，2021（12）：83-85.

[20] 褚清源 . 将校园变成课程馆 [N]. 中国教师报，2019-05-22（007）.